TORONTO MEDIEVAL LATIN TEXTS

General Editor A. G. Rigg, University of Toronto

Editorial Assistants Anna Burko
Susan Jupp

Editorial Board L. E. Boyle, O.P., Pontifical Institute of Mediaeval Studies
Janet Martin, Princeton University
A. B. Scott, Queen's University, Belfast
M. Winterbottom, Worcester College, Oxford

Two Alcuin Letter-Books

Edited by COLIN CHASE

from the BRITISH MUSEUM MS
COTTON VESPASIAN A XIV

Published for the
CENTRE FOR MEDIEVAL STUDIES

by the
PONTIFICAL INSTITUTE OF MEDIAEVAL STUDIES
Toronto

1. *Three Lives of English Saints*
   edited by Michael Winterbottom, 1972
2. *The Gospel of Nicodemus*
   edited by H. C. Kim, 1973
3. *Selected Letters of Peter the Venerable*
   edited by Janet Martin, 1974
4. *A Thirteenth-Century Anthology of Rhetorical Poems*
   edited by Bruce Harbert, 1975
5. *Two Alcuin Letter-Books*
   edited by Colin Chase, 1975

Printed and bound in Canada
by The Hunter Rose Company, 1975

ISBN—0—88844—454—0

PREFACE

The *Toronto Medieval Latin Texts* series is published for the Centre for Medieval Studies, University of Toronto, by the Pontifical Institute of Mediaeval Studies. The series is intended primarily to provide editions suitable for university courses and curricula, at a price within the range of most students' resources. Many Medieval Latin texts are available only in expensive scholarly editions, equipped with full textual apparatus but with little or no annotation for the student; even more are out of print, available only in libraries; many interesting texts still remain unedited.

Editions in this series are usually based on one MS only, with a minimum of textual apparatus; emendations are made only where the text fails to make sense, not in order to restore the author's original version. The effect is to produce a 'scribal version' of a text — a version that was acceptable to its scribe and was read and understood by medieval readers. Editors are required to select their MS with great care, choosing one that reflects a textual tradition as little removed from the original as possible, or one that is important for some other reason (such as a local variant of a text, or a widely influential version). Manuscript orthography and syntax are carefully preserved.

The Editorial Board is not merely supervisory: it is responsible for reviewing all proposals, for examining all specimens of editors' work and for the final reading of all editions submitted for publication; it decides on all matters of editorial policy. Volumes are printed by photo-offset lithography from camera-ready copy typed on an IBM Composer.

This book has been published with the help of a grant from the Humanities Research Council of Canada, using funds provided by the Canada Council.

The General Editor would like to express his thanks to all those who generously gave advice and assistance in the planning of the series, especially to Professor John Leyerle, Director of the Centre for Medieval Studies, for making available all the resources of the Centre and for his own unfailing personal support.

We should also like to express our gratitude to Susan Jupp who, as Editorial Assistant, was responsible for the production of our first four volumes: the series, under her guidance for four years, owes its very existence to her scholarly knowledge, her professional accuracy, and her dedication.

A.G.R.

ACKNOWLEDGMENTS

This book owes much to the support and counsel of friends, especially Angus Cameron and John Leyerle. A personal debt of gratitude is owing to Donald Finlay, C.S.B., and to Mrs. Lorraine Egsgard for their continued generosity to me in the use of the library of the Pontifical Institute of Mediaeval Studies. I would also like to express my thanks to the Trustees and librarians of the British Museum and of University College, Cambridge, for supplying microfilms and for giving me permission to use them in the preparation of this book. Finally, I would like to register my deep appreciation for the painstaking care of the editorial staff and board of this series.

C.C.

CONTENTS

Introduction		1
Bibliography		13
I	Letters for Daily Correspondence	15
	1 An Admonition to Dodo	17
	2 Bishop Arn's Advice to Cuculus	20
	3 Congratulations to Abbot Eðelbald	22
	4 News for Colcu	24
	5 Requests to Joseph	27
	6 A Note to Bishop Arn	29
	7 'Get Well' to a Friend	30
	8 'Arrived Safely' to One's Bishop or the Pope	31
	9 'Thank You' and Congratulations to a Superior	32
	10 Introduction to a Priest	32
	11 Excuses and Explanations	33
	12 Acknowledging an Archbishop's Letter	34
	13 Good Wishes and Advice to a Priest Friend	34
	14 'Thank You' to a Lady	36
II	Epistles to the English	37
	1 Ad Aeðelredum regem (1)	39
	2 Ad fratribus Uiorensis aecclesiae	44
	3 Ad Lindisfarnensis aecclesiam et ad Higebaldum episcopum et ad congregationem Cuthberhti	50
	4 Ad Aeðelredum regem (2)	53
	5 Alia epistula ad Aeðelredum regem (3)	57
	6 Ad congregationem Eboracensis æclesię	58
	7 Alcheriði anachoritae ad Higlacum lectorem et presbitervm	61
	8 Ad Enbaldum archiepiscopum	64
	9 Ad Symeonem sacerdotem	70
	10 Ad Aeðelhardum archiepiscopum	71
Textual Notes		77
Index of Scriptural Citations		82

INTRODUCTION

This edition comprises twenty-four letters which appear together in British Museum MS Cotton Vespasian A XIV, containing in its latter part material that was copied for archbishop Wulfstan's library in the early eleventh century.[1] Fifteen of these letters are ascribed in their salutations to Alcuin, either as Alcuinus or according to his favourite cognomen, Albinus.[2] Seven are unascribed, although six of these refer to people or circumstances in Alcuin's life in such a way as to make it fairly certain they are his; the seventh (I, 8) could not be Alcuin's, since it refers to him in the third person. Of the remaining two, one (I, 2) is ascribed to Alcuin's close friend, Arn, archbishop of Salzburg, and the second (II, 7) to an otherwise unidentified anchorite called Alcherithus. On the basis of their contents and their appearance in the manuscript (see below, pp. 2-3, 8-9), the letters are presented here as two independent collections, each consistent in itself but differing one from the other.

Form and Purpose

Towards the end of a letter of congratulation and advice to his friend and ex-student Simeon, on the occasion of the latter's consecration as archbishop of York in 796, Alcuin suggests that a clearer, more permanent copy of his letter be made: 'Hec, rogo, cartula melius scribatur et tecum pergat, tecum maneat, et sepius uicę linguę paternę tecum loquatur'(II, 8/150-51). Alcuin clearly intended his words to remain a lasting

---

1 The connection of this MS with Wulfstan has been noted most recently by Neil Ker 'The Handwriting of Archbishop Wulfstan' in Peter Clemoes and Kathleen Hughes eds *England Before the Conquest* (Cambridge 1971) 315-31, esp. 326-7. See also Dorothy Bethurum ed *The Homilies of Wulfstan* (Oxford 1957) 98-101 [hereafter cited as Bethurum].
2 As Alcuin explains to George, patriarch of Jerusalem, 'Albinus habeo nomen inter notos et filios sanctae Dei ecclesiae': Ernst Dümmler ed MGH *Epistolae* IV (Berlin 1895) 350.

source of meditation and inspiration to his friend. The letter does survive, in a beautifully spacious hand of the early eleventh century, in the manuscript which forms the basis of this edition. It is part of a collection of ten letters of similarly didactic and inspirational intent written to English bishops, archbishops, abbots and kings. The manuscript apparently belonged to the library of Wulfstan, legalist, homilist, author of the famous *Sermo Lupi ad Anglos*, and archbishop during the reigns of Aethelred and Cnut. Alcuin's wish had been fulfilled: the letter was being recopied, meditated, and used by an English bishop over two hundred years after it was first composed.

The permanent and didactic purpose of this collection of letters, the second and longer of the two collections edited here (**II, 1-10**), does much to explain a curious sparseness and lack of detail in their contents. Apart from a few unexplained references to individuals, there is practically nothing that presumes personal or special circumstantial knowledge on the part of the receiver. Many of the letters, in fact, are not really addressed to individuals at all but to whole communities (eg **II, 2, 3** and **6**) or to individuals as representatives of communities (**II, 1** and **4**). Though three are directed to specific archbishops, two even of those (**II, 8** and **10**) are actually extended treatises on pastoral care rather than personal correspondence in the ordinary sense. In fact, these letters are more formal, generalized and impersonal than the letters of St Paul and are therefore, in one sense at least, even more accurately described as 'epistles' than are the canonical works of the Apostle himself.[1] Their deliberate attempt at universality we associate more readily with oratory or public poetry than with written correspondence.

There is also an impersonal quality in the other collection of Alcuin letters that I have edited (**I, 1-14**), but the impersonality derives from a different source. Though these letters must

1 For the distinction between 'letter' and 'epistle' in ancient correspondence see John L. McKenzie *Dictionary of the Bible* (New York 1965) 243-4.

have been composed in response to specific situations and
people, they have, in this manuscript, been reshaped and
arranged in such a way as to make a very useful collection of
epistolary formulae, or model letters to be followed in a variety
of common situations. Thus, in the last eight of the fourteen
letters the name of the addressee has been suppressed and replaced with *ille*, roughly equivalent in this context to 'so and
so' or to the blank space in 'Dear _____' at the top of a modern
form letter.[1] They include 'Thank you' notes, 'Get well' cards,
introductions, congratulations, excuses, and acknowledgments.
The tenor of the first two letters, both of which are exhortations to wayward students, suggests that the collection was
intended for use in school, as an aid to training students in the
proper way to compose a Latin letter. The next four letters (**I,
3-6**) are addressed to specific individuals and would be useful
for students to study as examples of a full-blown epistolary
style; they would then, perhaps, attempt the practical exercise
of adapting the succeeding letters to concrete situations, real
or imagined.

Alcuin

Though very little biographical detail is contained in the letters or required for understanding them, nonetheless the personality and life-style of their author is apparent in all of them,
for Alcuin was above all an effective and tireless teacher.[2]
Each of the many areas in which he made significant contributions to the progress of Carolingian culture — regularizing the

1 Examples of this usage occurring between 700 and 850 are provided
   by W. M. Lindsay *Notae Latinae* (Cambridge 1915) 428.
2 In addition to the anonymous biography written shortly after
   Alcuin's death (W. Arndt ed MGH *Scriptores* XV i 182-97), there
   are several good modern biographies of Alcuin: see bibliography.
   A recent examination of the political implications of Alcuin's
   career is Luitpold Wallach *Alcuin and Charlemagne* (Ithaca, New
   York 1959); the sociological implications of Alcuin's letters have
   been investigated in Wolfgang Edelstein *Eruditio und Sapientia*
   (Freiburg 1965).

liturgy,[1] collating and reediting the Latin bible, reforming continental script, and of course watching over Charlemagne's palace school – tell of the practical teacher's passion for clarity and organization in the service of learning. These qualities are also notable in the letters, which maintain a clarity of design and development evident in even the longest and most ambitious of them, employing a vocabulary which is precise but not arcane and a syntax which is supple without being contorted.

Alcuin was born of a noble Northumbrian family around 735; he was sent as a small child to the cathedral school at York, where he studied under Bede's student and friend, archbishop Egbert, and was ordained deacon, becoming first headmaster of the school, then cathedral librarian. By chance, when Alcuin happened to be in Italy on diocesan business, he and Charlemagne met in Parma, where, according to his biographer, Charles persuaded him to come to the kingdom of the Franks.[2] There he was put in charge of the palace school, which also drew on the talents of such well-known contemporaries as Peter of Pisa, Paulinus of Aquileia, and Paul the Deacon. Alcuin stayed at the post for fourteen years (782-96), during which period he was active in the many spheres of educational and ecclesiastical reform mentioned above. In 796 Alcuin was put in charge of the troubled monastery of St Martin's at Tours, where he remained until his death in 804.

King Aethelred

Many of the letters relate directly or indirectly to the reign or personality of king Aethelred of Northumbria. In 774 when Aethelred began to rule, the kingdom had been troubled with political unrest and dynastic quarrelling for fifteen years and was deeply divided into hostile factions forming around the older line of Eadberht on the one hand and Aethelred's own family on the other. By 779 four people who were active in

1 Gerald Ellard S.J. *Master Alcuin, Liturgist* (Chicago 1956) deals specifically with the liturgical aspect of Alcuin's career.
2 MGH *Scriptores* XV i 190

opposing Aethelred had been killed at his instigation. In that year Aelfwald, the grandson of Eadberht, succeeded in driving Aethelred from the kingdom and began a peaceful and uneventful reign which lasted until 788, when he was assassinated. Within a year of Aelfwald's death Aethelred came back from exile to attempt once more to govern the divided land, consolidating his position in 792 by a marriage to one of the daughters of Offa, the powerful king of Mercia. In 796, however, Aldred, one of his own ealdormen, betrayed and killed him.[1]

The tone of Alcuin's three letters to Aethelred is surprisingly forthright (though less surprising than a similar tone to Charles would have been). Neither in the longer, more public letters (**II, 1** and **4**), nor in the briefer one addressed to Aethelred alone (**II, 5**), does the deacon hesitate to point out to the king that the root cause of his country's troubles can be found in his own moral recklessness. 'Non decet te in solio sedentem regni rusticis uiuere moribus .... Noli notabilis esse in aliquo peccato', he says to the king (**II, 5/9-15**), and to king and counsellors together, 'Qui sanctas legit scripturas et ueteres reuoluit historias et seculi considerat euentum inueniet pro huiusmodi peccatis reges regna et populos patriam perdidisse' (**II, 4/45-7**). Alcuin ran little risk that Aethelred would miss his point.

The Sack of Lindisfarne

The Viking raid on Lindisfarne and the destruction of its church in 793 made a very strong impression, not only on Alcuin, but on Wulfstan as well. Half his collection of Alcuin 'epistles' are directly concerned with the event: two take this calamity for their major theme (**II, 3** and **4**); two contain substantial allusions to it (**II, 1/152-7** and **2/78-87**); and one refers to it in order to drive home the message (**II, 10/107-9**). As

1 See F. M. Stenton *Anglo-Saxon England* 2d ed (Oxford 1947) 90-4. For convenience, wherever possible I refer the reader to Stenton for Anglo-Saxon history and to E. S. Duckett *Alcuin, Friend of Charlemagne* (New York 1951) for the details of Alcuin's biography [hereafter cited as Stenton and Duckett].

Alcuin put it, 'Ecce trecentis et quinquaginta ferme annis quod nos nostrique patres huius pulcherrime patrie incole fuimus et numquam talis terror prius apparuit in Brittannia ueluti modo a pagana gente perpessi sumus' (II, 4/22-5).

Yet in spite of this strong interest there are very few concrete details about the raid either in these letters or in other contemporary sources. Beyond the fact that there was some bloodshed, that the church of St Cuthbert was desecrated and pillaged, and that some young hostages were taken to be sold as slaves (II, 3/8-13, 4/26-8), nothing can be gathered from the letters. Alcuin's 240 line poem on the destruction of Lindisfarne, a philosophical and consolatory work rather than a narrative, does not shed further light.[1] And the *Anglo-Saxon Chronicle* adds only that the raid was presaged by storms, famine, and flying dragons.[2] Alcuin, who had been visiting in England just before the raid, responds to the news in the tone and tradition of Jeremiah the prophet. His message, though, is not entirely one of reproach: 'Castigat Deus omnem filium quem recipit, et ideo forte uos plus castigauit quia plus dilexit', he says in one place (II, 3/38-40). Much the greater emphasis, however, falls on the theme of man's responsibility, through sin, for evil in the world: 'Propter interiores hostes exteriores potestatem habent' (II, 2/84-5) — a theme applied occasionally to divisions within the kingdom (eg II, 1/140-51) but more usually to the interior enemies of human vice and infidelity. Such concern with the relationship between human evil or weakness and God's displeasure binds together this collection of letters, for it recurs constantly, not only in the letters discussed above but also in those which do not refer to the destruction of Lindisfarne.

---

1 Ernst Dümmler ed MGH *Poetae Latini Aevi Carolini* I (Berlin 1881) 229-35
2 C. Plummer ed *Two of the Saxon Chronicles Parallel* (Oxford, I 1892, II 1899) sub anno 793; G. N. Garmonsway trans *The Anglo-Saxon Chronicle* (London 1953) s.a. 793

Wulfstan

When Wulfstan was consecrated bishop of London in 996, another Aethelred was his king — a man whose unlucky reign earned him the epithet 'Aethelred Unraed' from succeeding generations.[1] In those closing years of the tenth century the Danes were attacking the south of England annually, burning and pillaging along the coast and sailing up the Thames to penetrate Kent. In response the king took violent and hasty action. On St Brice's day (13 November) 1002, at the very time Wulfstan was being transferred north to be made bishop of Worcester and archbishop of York, a city still largely Danish, the king ordered that all Danes in England be killed. The order was partially carried out and was largely responsible for provoking the full-scale invasions of succeeding years, which ended in 1014 when a Dane had been placed on the English throne.[2]

In such circumstances Alcuin's reflections on the sack of Lindisfarne and his admonition to the Northumbrian Aethelred were particularly apt. Small wonder that Wulfstan, or someone around him, underlined and drew hands pointing to some especially striking passages: 'Vidistis quomodo perierunt antecessores uestri reges et principes, propter iniustitias et rapinas et inmunditias uitae .... Timete illorum perditionem et a talibus uosmetipsos impietatibus obseruate in quibus illi perierunt' (**II, 1/120-32**). This theme occupies Wulfstan much in his own homilies and especially, of course, in his famous *Sermo Lupi ad Anglos*, delivered during the Danish wars that preceded Cnut's reign. In some places he paraphrases one of Alcuin's letters directly.[3] In others he seems to echo the

---

1 Literally translated 'Aethelred Unraed' means 'Noble counsel (æðel + ræd), no counsel (un-ræd)'.
2 See Stenton, 373-82, esp. 374.
3 The conclusion of one version of the *Sermo Lupi ad Anglos* (Bethurum, 274-5) is a direct paraphrase of Alcuin's remark to archbishop Aethelhard comparing Gildas' description of the punishment of the British in the fifth century with the situation of the English in the eighth (**II, 10/109-17**).

sentiments: 'Forðam hit is on us eallum swutol and gesene þæt we ær ðisan oftor bræcon þonne we betton, and þi is þisse þeode fela onsæge .... Nis eac nan wundor þeah us mislympe, forðam we witan ful georne þæt nu fela geara men na ne rohton foroft hwæt hi worhton wordes oððe dæde.'[1] Archbishop Wulfstan plainly found his collection of Alcuin letters congenial reading and a rich source of inspiration.

The Letter-Books

Although all the letters except Alcherithus' have been edited three times before, twice by Dümmler in the nineteenth century and once by Frobenius in the eighteenth,[2] the order of these modern editions has obscured the character of the collections in British Museum MS Cotton Vespasian A XIV. All the letters in this MS (A_2) occur within seven contiguous gatherings running from f. 114r to f. 171v.[3] The first five are quires of eights, and contain the letters edited here as 'Epistles to the English' (II); they are written in one hand, a large script of the early eleventh century. Quire 6 is a gathering of ten leaves, and contains five letters of Alcuin interspersed with four other letters (three identified as tenth century,[4] the fourth from pope St Paul I to king Eadberht); these letters are written by a single hand, smaller than and distinct from that of quires

---

1 'So it is clear and plain to everyone that until now we have more often destroyed than we have built, and that is why there are so many attacks on this nation .... Nor is it any wonder things go wrong for us, since we know quite well that for many years now men have very often taken no thought about what they were doing, in word or in deed.' (Bethurum, 262, 264.)
2 See bibliography for full references. Dümmler's MGH edition is referred to hereafter as Dümmler.
3 There are two foliations in A_2. I follow the newer one, since two folios are numbered 118 in the old. Dümmler followed the older numeration.
4 These tenth century letters have been printed in W. Stubbs *Memorials of Saint Dunstan* Rolls Series 63 (1874) 369-70, 383-4, 384-5, 385-8.

1 to 5; the letters (unlike those of the other gatherings) lack capitals in the second half of the gathering. Quire 7, of eight folios, contains the letters edited here as 'Letters for Daily Correspondence' (I) and is written by yet a third hand. This analysis of the three collections is supported by the contents of the letters themselves (above, pp. 2-3), and by the evidence of Cotton Tiberius A XV (A_1). The table on page 12 shows that letters in quires 1 to 5 and 7 clearly follow a sequence established in A_1, whereas the letters of quire 6 do not. Four of the letters in quire 6 are not found in A_1 at all.

The evidence indicates, then, that these seven quires are three separate booklets, the first (quires 1 to 5) and the last (quire 7) forming miniature 'Artes dictaminis', independent of one another and of the intervening quire. I have therefore felt free to omit the second, quire 6, as more heterogeneous, less Alcuinian, and to reverse the order of the other two.

Certain entries made at the ends of these two booklets were added later and have been omitted from this edition, since they did not form part of the original letter-books. At the end of quire 7, after letters **I, 1-14**, are (a) a letter from a certain 'Uuido peccator' (fols. 171r-171v), and (b) another Alcuin letter (bottom of f. 171v). The former is in the same hand as the other letters, but its style, contents and origin (see below) suggest that it was added later; the Alcuin letter (Dümmler no. 96) is in Wulfstan's own hand, and was squeezed in at the foot of the page.[1] Similarly, at the end of quire 5, after letters **II, 1-10**, were added (a) a poem requesting prayers to be said for Wulfstan, and (b) the decrees of an English synod of 816.[2]

In accordance with the editorial principles of this series (see Preface), this edition represents the version of Alcuin's text intended by Wulfstan and his scribe. In a few places I have

---

1 The 'Uuido peccator' letter is printed in Stubbs, 380-1.
2 Neil Ker (*England Before the Conquest*, 315-31) has identified Wulfstan as the corrector and as scribe of some of the extra items in A_2. The poem for Wulfstan has been printed most recently by Ker, 326-7, and by Bethurum, 377-8.

accepted a reading which a *critical edition* of Alcuin's letters
would have rejected. Any corrections identified as Wulfstan's
(indicated in the Textual Notes) have been accepted as authoritative. The text, then, is fundamentally that of Vespasian A XIV;
errors have been corrected and missing words supplied from
Tiberius A XV (see table), insofar as it is extant: it was badly
burned in the fire at Sir Robert Cotton's library in 1731. A
transcript of A_1 was made some time before 1700 by the
antiquarian Thomas Gale (died 1703): use has been made of
this transcript where A_2 is deficient and A_1 damaged, but Gale
consistently 'improved' his exemplar and his readings must be
viewed with caution.[1]

The orthography of the MS has been preserved as far as
possible; all abbreviations have been silently expanded. *u* and *v*
are printed exactly as they appear in the MS. Both scribes use *u*
for both vowel and consonant in non-capital letters. A lower
case *v* in my text points to one of Wulfstan's interlinear corrections, for he uses both forms without consistency. Usually, but
not always, the capital is *V* in the 'epistles', *U* in the 'letters',
whether consonant or vowel. When I have had to capitalize
words not capitalized in the MS, I have kept the original form
of the letter, leaving somewhat more capital *U*'s in my text
than in the MS.

The MS use of ę is retained. The scribe of the 'epistles' fairly
consistently uses ę for *ae* but not rigidly so. The scribe of the
'letters' is less consistent, letting *e* stand for *ae* much more often.

Anglo-Saxon letters appear in personal names. They have
roughly the following values: *æ* = *a* in hat; *þ* = *th* as in either
thin or then; *ð* = *th* as in either thin or then; the *wynn* rune
appears twice, in **I**, **5/3** and **II**, **4/39**, and is here printed as *w*.

Words enclosed in pointed brackets <...> are not in A_2 but
have been supplied from another source, specified in the Textual

---

[1] Gale's transcript is kept at Trinity College, Cambridge as MS O.10.16.
In general, I have followed Dümmler's sigla for the MSS, but I prefer
to designate this transcription as *Gale* rather than A_*. This edition is
based on my examination of A_2, A_1, and *Gale* in microfilm copies.

Introduction 11

Notes. Words in square brackets [...] are in the MS but need to be disregarded for the sense.

In some of the epistles (eg **II, 1, 6, 8**) there are accent marks to guide a public reader — *predicatoribúsque, tacére, diligentérque* (**II, 1/90-3**). These have not been reproduced in this edition.

Scriptural References

As one would expect, Alcuin's Latin prose is steeped in scripture. He quotes the bible directly, refers to it as his authority, alludes to it for parallels and analogies, draws images from it and patterns his syntax after it. I have not attempted to attach a scriptural citation to every phrase of biblical diction. On the other hand, I have attempted to identify every explicit reference, though I may on occasion have heard as an echo what is in fact a more direct allusion. A good passage to illustrate the course I have chosen to steer occurs in archbishop Arn's letter to Cuculus (**I, 2/9-24**). The wayward student is there told to 'strive for the prize of his heavenly calling', to 'hasten to Christ' and 'wash His feet with your tears', that 'mercifully and lovingly He will go to meet His endangered son and joyfully escort him into the home of His joys'. After some lines of direct exhortation, lapidary admonitions from Isaias and Ecclesiastes are crowned with an exultant paraphrase of the Song of Songs: 'All flesh is grass.' 'Youth and pleasure are vanity.' 'Remember your Creator in the days of your youth, before evil days come.' 'Now winter is passing away, as the rains have gone away and departed. Flowers have appeared on the earth. The season of song has come.' Every reference in this passage might have been identified with a scriptural text (eg Phlp. 3:14, Lc. 7:36-60, Mt. 15:8-32, Is. 40:6, Eccl. 11:10 and 12:1, Cant. 2:10-14), but I have chosen to cite only the last three because Isaias and Ecclesiastes are quoted more or less directly and the Song of Songs is a specific literary allusion which loses intelligibility unless it is referred to its source. The others I omit because they are not quoted directly and are clear without reference to any one scriptural passage. All these references can be located in the Index of Scriptural Citations beginning on page 82.

Table of Manuscripts and Editions

This Edition	A_2 (Vespasian A XIV)		A_1 (Tiberius A XV)	Dümmler
II, 1		1	25	18
2		2	26	19
3		3	27	20
4		4	29	16*
5		5	30	30
6	Quires	6	31	43
7	1-5	7	37	omits
8		8	40	114
9		9	50	116
10		10	52	17
		Poem Synod		
		11	104	311
		12	107	128
		13	omits	omits
		14	omits	omits
	Quire	15	omits	omits
	6	16	omits	omits
		17	36	209
		18	35	273
		19	39	omits
		20	12	70
I, 1		21	1	65
2		22	2	66
3		23	3	67
4		24	4	7
5		25	5	8
6		26	8	10
7		27	117	45
8	Quire	28	118	46
9	7	29	119	256
10		30	120	274
11		31	121	235
12		32	122	292
13		33	123	293
14		34	124	103
		Uuido	omits	omits
		Alcuin	100	96

* According to Dümmler A_2 and A_1 are the only extant witnesses for II, 4 and 6, and I, 2-5 and 7-14.

BIBLIOGRAPHY

Editions

Dümmler, Ernst 'Alcuini Epistolae' in MGH *Epistolae* IV (Berlin 1895) 1-493

Frobenius *Alcuini Opera* (first ed 1777) reprint in PL 100-101

Jaffe, P. (ed Wattenbach-Dümmler) *Monumenta Alcuiniana* Bibliotheca Rerum Germanicarum VI 1873

Individual letters and excerpts have also appeared in places too numerous to list here.

Biography

Anonymous 'Vita Alcuini' in MGH *Scriptores* XV i 182-97

Duckett, E. S. *Alcuin, Friend of Charlemagne* (New York 1951)

Gaskoin, C. J. B. *Alcuin: His Life and Work* reprint of 1904 ed (New York 1966)

Kleinclausz, Arthur *Alcuin* (Paris 1948)

Historical Background – General

Blair, P. H. *An Introduction to Anglo-Saxon England* (Cambridge 1956)

Laistner, M. L. W. *Thought and Letters in Western Europe: A.D. 500 to 900* revised ed (Ithaca, New York 1957)

Levison, Wilhelm *England and the Continent in the Eighth Century* (Oxford 1946)

Stenton, F. M. *Anglo-Saxon England* 2d ed (Oxford 1947)

Historical Background – Special

Edelstein, Wolfgang *Eruditio und Sapientia. Untersuchungen zu Alcuins Briefen* (Freiburg 1965)

Wallach, Luitpold *Alcuin and Charlemagne* (Ithaca, New York 1959)

Wulfstan

Bethurum, Dorothy ed *The Homilies of Wulfstan* (Oxford 1957)
Jost, K. *Wulfstanstudien* Swiss Studies in English 23 (1950)
Whitelock, Dorothy ed *Sermo Lupi ad Anglos* 3d ed (London 1963)

Textual Criticism

Ker, N. R. 'The Handwriting of Archbishop Wulfstan' in Clemoes, Peter and Kathleen Hughes eds *England Before the Conquest* (Cambridge 1971) 315-31, esp. 326-7

See also Bethurum, 98-101; Dümmler, 9-10; Whitelock, 28-37.

List of Abbreviations Used in This Work

CL	Classical Latin
DC	Du Cange, C. *Glossarium mediae et infimae Latinitatis* (Paris 1937-8)
LS	Lewis, C. T. and Charles Short eds *A Latin Dictionary* (Oxford 1879)
MGH	Monumenta Germaniae Historica
ML	Medieval Latin
OE	Old English
PL	Migne, J.-P. ed. Patrologiae Latinae cursus completus
RMLWL	Latham, R. E. ed *Revised Medieval Latin Word-List from British and Irish Sources* (London 1965)

I

LETTERS FOR DAILY CORRESPONDENCE

British Museum MS Cotton Vespasian A XIV

fols. 164r to 171v

EPISTULE ALBINI

1
An Admonition to Dodo

Dodo, ivxta nomen tuum, tv mihi da, da.
Do tibi me totum, sed tv, Dodo, mihi te da.
Karissimo filiolo meo quem et sero genui et cito dimisi — nec
bene ablactatus raptus est ab uberibus meis, inmitiorque
5   nouerca tam tenerum de paterno gremio per libidinum uortices
caro rapuit. Heu pro dolor, quid faciam nisi plangam per-
euntem, si forte calidis lacrimarum fomentis resuscitari possit.

Ue carni, quę non timet sulphureos quinque urbium ignes,
uel potius perpetuas infernalium tormentorum flammas. Con-
10 stringe te ipsum, obsecro, huius timoris catenis, et tempta
quomodo uel unam ardoris scintillam sufferre possis, et cogita
quid si fortæ totum corpus æterno crucietur incendio.
Resipisce, tandem, et noli consentire ei qui tibi talia preparat
incendia, sed magis castiga te ipsum et paternis adquiesce
15 obsecrationibus, et Dei oculis te semper presentem esse recole
et sanctorum aspectibus apertum.

Erubesce in conspectu illorum facere quę horrescis in
conspectu cuiuslibet hominis perpetrare. Scio quod iudicium

I   The heading *EPISTULE ALBINI*: see Introduction, p. 1, n. 2
        for Albinus as a name for Alcuin. The plural indicates that
        the collection was conceived as a unit.
  1/1-2 *Dodo*: an otherwise unknown student of Alcuin (see I, 2/1 n.).
        The pun on Dodo's name in the hexameter motto reflects the
        onomastic interests of the period (see F. C. Robinson 'The
        Significance of Names in Old English Literature' *Anglia* 86
        [1968] 14-58). Alcuin's etymological explanation of bishop
        Arn's name (Dümmler, 168) is more serious. Here he takes the
        name as a repetition of the verb 'to give', *do*. Verse epigraphs
        occur elsewhere at the beginning of Alcuin's correspondence
        (eg I, 2/1-2 and Dümmler, nos. 170, 172 and 240).
    /8 *quinque urbium*, the five 'cities of the plain': Sodom, Gomor-
        rah, Admah, Zeboiim and Zoar (Gn. 14:2, 19:23-9; Dt. 29:
        21-3), destroyed by fire and brimstone in the story of Lot
   /12 *fortæ = forte*. The ligature *æ* in the MS is sometimes mislead-
        ing, since it can stand for both *e* and *ae*.

credis omnibus esse futurum. Ubi credis illos esse qui talia
egerunt qualia tibi cotidie diabolus suadet? Ecce, heri fecisti
uoluntates carnis tue. Quid hodie habes ex illis? Quod com-
medisti et bibisti hesterno, hodie stercus est quod, non dico
tangere, sed etiam horrescis uidere.

Tales sunt nostrę uoluntates, stercus et putredo. Talia sunt
corpora in quę deperimur, omni putredine et inmunditia
sordidiora, dum in sepulchro iacent. Quid in hec ardes que te
in perpetuum ardere suadent? Si tibi sit aliqua patris tui
memoria, si aliqua salutis recordatio, si aliquod celestis beatitudinis desiderium, si aliquis in te sit Dei timor uel honor eius
presentie qui omnia uidet,/ uiriliter age et teipsum castum et
inmaculatum illius cotidie offer aspectui ut mei memor
gaudeas cum illo. De preteritis penitentiam agere non cessa, et
de futuris precauere memento. Adolescentia enim et uoluptas
uana sunt.

Esto animo uir, etsi corpore puer. Ora cotidie cum lacrimis
ut te adiuuet qui te redemit, ut te custodiat qui te sibi
adoptauit in filium. O, quanta est generositas esse filium Dei,
sed quanta diligentia hec nobilitas est obseruanda. Gratis enim
nobis donatum est esse filios Dei, sed magno labore, adiuuante
gratia eius, contendere debemus ne tanto patri degeneres simus.

Spiritus itaque sanctus fugit corpus peccatis subditum,
sicut dixit apostolus, 'Vos enim estis templum Dei, et Spiritus
Dei abitat in uobis. Si quis autem templum Dei uiolauerit,
disperdet illum Deus. Templum enim Dei sanctum est, quod
estis uos.' Et iterum, 'Sancti estote, quia ego sanctus sum.'

De cetero, dilectissime fili, caritate Dei confortatus in
humilitate et patientia, in castitatæ et sobrietate, in pietate et
benignitate, in uigiliis et orationibus, teipsum exerce. Hac te

/25 *in quę deperimur*: 'which we fall desperately in love with', an
unusual passive form with a Greek middle sense, 'we are ruining
ourselves.' Both this verb and *ardeo* below (/26) are intended
in double senses, physical and erotic.
/43 *abitat = habitat*
/48 *te*: direct object of a verb in the middle voice. Compare
'inutile ferrum cingitur', Vergil *Aeneid* 2. 510.

lorica contra uenenatas diaboli sagittas armare. Non a te uacuus
redeat miser cui bene facere ualeas. Non infirmus sine tuo
solacio iaceat. Neminem ledas, nemini conuitia facias, nemo
propter te tristis efficiatur. Non te canonicę pretereant horę
absque suo synaxi. Memorare propheticum illud, 'Septies in die
laudem dixi tibi.'

Quis, si tu taces, pro te psallat? Quomodo inermis pugnat
contra armatum? Quis tui curam habet, si tu te ipse neglegis?
Quis tibi erit amicus, si tu tibi ipse eris inimicus? Quis nolentem
sanare potest, nisi Ypocratis uinculis alligetur? Quis sano capite
salutem suam odit? Sanandum est caput conscientie ut salutem
suam amare sciat.

Dum pauca tibi scribere curaueram et calamum in caritatis
fonte semel et iterum tinxeram, nescio qua dulcedine repletus
plura scripsi quam cogitaui — non pluriora quam uolui. Tamen,
qualiscumque sit hec pagina, testem/ eandem habeto admoniti-
onis meę, et quotiescumque eam perleges me loquentem in
corde tuo agnosce, et si tibi sit mei cura precepti, sepius eam
perlegere non refuge. Credo ex eius lectionis assiduitate posse,
diuina donante gratia, uirtutum pectori tuo adcrescere constan-
tiam. In ea meam poteris erga te noscere dilectionem et tuę
salutis sepius discere ammonitionem.

Ne queso me rogantem spernas, sed toto animo quę nobis
prodesse posse cognoscas prosequere, quatenus — Deo donante,
me ammonente, et te laborante — cum triumphis glorie ad
uitam peruenias sempiternam.

Auribus hęc cordis quęso te audire libenter
ut capias uitam quam tibi corde loquor.

/53 *synaxi*: either masc. or fem. in ML, *synaxis* refers both to the
gathering of monks to sing the Office and to the process of
singing it (DC).
/58 *Ypocratis uinculis*, medical restraining straps
/63 *pluriora*, which should be *plura* as at the beginning of the line,
appears to be a consciously ungrammatical double comparative
for special stylistic effect. Latham cites other examples from
the ninth and twelfth centuries: RMLWL, s.v. *plur/alitas*,
'*plur/iores*'.

>   Hec tibi, si recipis, fert palam pagina <uitam.>
>   Hec tibi, si respuis, pagina testis erit.
>   Hec tibi demonstrat affectum pagina patris.
> 80   Hec tibi celestis sit, rogo, causa uite.
>   Hec tibi queso comes, fili, sit pagina semper.
>   Hec te perficiat esse Deo commitem.
>   Hec nostri memorem faciat te uiuere Christo.
>   Hec tibi demandat pagina mille uale.
> 85   Uiue Deo felix. Felix, carissime, uiue,
>   noxia despiciens, quę bona sunt cupiens.

2
Bishop Arn's Advice to Cuculus

> Kartula, dic, 'Cuculus ualeat per secula noster.'
>   'Prospere nos spectet', <kartula, dic, 'cuculus.'>
> Carrissimo aui cuculo aquila salutem. Memor esto mei et tui ut
> quod precępi facias et quod promisisti impleas. Esto suauis et
> 5 fidelis patri nostro. Esto Deo oboediens et deuotus. Dilige eum
> qui te de stercore erexit et fecit ante principes stare.

1/82 *commitem = comitem*
2/1 *Cuculus*: nickname for another unknown young man. The fact that letters to Cuculus and Dodo are found next to one another in A_1 and A_2 has led some to conclude that they are the same person (see Dümmler, 109, n. 4). The close similarity of the letters in form, content and phraseology (see especially 1/61-2 and 2/22), which suggests that Alcuin may have composed both, makes the identification of Dodo with Cuculus unlikely, since he would not have repeated himself so in writing to the same person. Their collocation in these MSS is explainable on other grounds (see Introduction, pp. 2-3).
/3 *aquila*: nickname for Alcuin's friend Arn, abbot of St Amand in France, bishop of Salzburg (785) and later (798) its archbishop. Arn means 'eagle' in Old High German (cf OE *earn, arn* in Alcuin's dialect). Elsewhere Alcuin discusses the name (Dümmler, 163), not capitalized here to preserve the figurative emphasis. For details of Arn's biography, see Duckett, 139-42, 217-8.

Salus tua laus illius est, ut psalmista, 'Sacrificium laudis
honorificauit me.' Sta uiriliter contra aduersarium tuum.
Ascende et noli descendere. Profice et noli deficere. Contende
ad brauium superne uocationis. Christus te uocat. Curre.
Festina. Amplectere pedes illius. Lacrimis laua./ Si quid com-
misisti, ille clemens et pius periclitanti occurret filio et cum
letitia deducet in domum diliciarum suarum.

Angeli et omnes sancti te desiderant socium suę beatitudinis
habere. Cur tu non ardenter concupiscis qui maxime indiges
quod illi inhianter optant? Noli te subtrahere illorum societati.
Dic carni, 'Quid me impedis? Omnes qui me debellant timebunt
quia ego sperabo in Domino. Spes mea et salus mea Deus. Non
timebo quid faciat mihi caro.' Omnis caro foenum est. Adolescentia et uoluptas uana sunt. Memento Creatoris tui in die
iuuentutis tuę antequam ueniat tempus adflictionis.

Calamum in caritate tinxi dum hanc cartulam scripsi. Surge,
surge, gratissima auis. Iam hiems transit, ut imber abiit et
recessit. Flores apparuerunt in terra. Tempus carminis aduenit.
Fac amicos, id est angelicas dignitates, audire uocem tuam. Uox
tua dulcis est illis et facies tua decora sit domino Deo tuo, qui
concupiscit speciem tuam. Cui laus et gloria semper in ore tuo
sonent. Et in corde caritas Dei ardescat et in opere eficacia
fulgeat. Fiat tibi pax et salus in sempiternum.

 Adueniant aquilę cuculi rogo carmina nostri,
  audiat ut cuculi prospera cuncta sui.
Mellifluum turdus uariat de gutture carmen,
  ecce tuum resonat semper in aure mea.

/10 *brauium* = CL *brabeum. Brauium* is Vulgate (eg I Cor. 9:24).
/13 *diliciarum* = *deliciarum*

3
Congratulations to Abbot Eðelbald

Venerabili patri et sancte congregationis pastori Eðelbaldo abbati humilis clientulus uester Alcuine in Christi caritate salutem.

Non ignotum esse tuę dilectioni, uenerande frater, credo quod olim sancti patres antecessores tui mihi licet indigno familiaritatis uestre gratiam perdonauerunt, et in albo beatitudinis uestre meę paruitatis nomen conscribi iusserunt/ ita ut unus essem ex uobis ubicumque Deo uolente essem. Quapropter has mee deuotionis litterulas tue, dulcissime pater, direxi dignitati, obsecrans ut per tuam bonam uoluntatem renouetur in me quod per priorum patrum piam dilectionem perdonabatur mihi. Et, ut uere fateor, multum gauisus sum dum te illorum loco audiui subrogatum, sperans diuina donante clementia te illorum tota deuotione sequi exempla quorum regiminis et honoris sedem tenere uideris, certissime sciens eorum te gloria coniungi in celis si illorum uestigia secteris in terris.

Memor esto cotidie nobilissimi patris Benedicti, primi fundatoris uestri, et successoris eius sancti Ceolfridi, et regularem uitam quam illi optima discretione conposuerunt exercendo, ammonendo toto corde sectare. Sic enim et cum hominibus

---

3/1   Ethelbald was newly elected abbot of the monasteries of Wearmouth and Jarrow. Beyond the scraps of information provided in this letter nothing seems to be known about him (see, for example, A. Kleinclausz *Alcuin* [Paris 1948] 176).

/2   *Alcuine*: an uninflected transliteration from the vernacular Anglo-Saxon form (Alhwine). Here it is nominative.

/18   *Benedicti*: Benedict Biscop (d. 689), founder of the monasteries of Monkwearmouth and Jarrow and leading figure in Anglo-Saxon England's early cultural and intellectual development. See Stenton, 184-5.

/19   *Ceolfridi*: (usually Ceolfrith) Bede's teacher and successor to Benedict Biscop as abbot at Wearmouth and Jarrow. See Bede *Opera historica* ed C. Plummer in 2 vols (Oxford 1896), which contains the anonymous life of abbot Ceolfrith.

laudem tibi et honorem adquirere poteris et cum sanctis Dei perpetuam gloriam et beatitudinem possidere.

Non seculi hominibus in uestimento uel ebrietate uel aliis uanitatibus te ipsum ullatenus conformare, sed prenominatis patribus in sobrietate, continentia, et caritate assimilari omnimodis stude. Nec solum te ipsum ad illorum corrigas exemplum, sed alios quoque dilientissime admoneas. Si qua sunt errata, corrigere non cessa, et bene facta hortari satage ut mercedem habeas ex omnibus, sciens te rationem redditurum pro omnibus.

Grandis honor est quem accepisti sed graue pondus quod portas: te solum ex cunctorum tibi subditorum factis iudicari. Et idcirco omni instantia contende ut premium habeas ex illis, non penam.

Et ideo ut pastor deuotissimus singulorum uitam suspicere et perscrutari non cessa — nę aliquam ex ouibus tibi commissis insidiantis lupi calliditas/ laceret aut deuoret — sciens, quantum diligis fidelem pastorem ouium carnalium, quanto magis Deus amat fidelem pastorem ouium spiritalium. Et si rationem queris a pastore tuo de ouibus tuis, si aliqua per neglegentiam illius deperiit, quomodo non Deus multo magis requiret rationem a te de animabus ouium quas tuę commisit custodire dilientie?

Heu, frater, heu, quia poene ubique regularis uite in hac terra cadit normula et secularis uitę crescit formula. Et quod pessimum est ipsi structores multis in locis fiunt destructores, et edificatores dissipatores. Et hoc est quod per prophetam dictum est, 'Ipsi enim pastores errauerunt.'

Ideo, dilectissime frater, studiosius intende ut cum bonis pastoribus connumerari merearis et audias beatam uocem, 'Euge, serue bone et fidelis, quia super pauca fuisti fidelis, super multa te constituam. Intra in gaudium domini Dei tui.'

/28 *dilientissime = diligentissime*
/35-9 *Et ideo ... spiritalium*: *quantum* (/37) is a relative adverb correlated with the ablative of degree of difference (*quanto magis*). Translate, '... realizing, as much as you love a faithful shepherd of earthly sheep, how much more God loves a faithful shepherd of spiritual sheep.'

Obsecro ne me presumptvosum estimes et uanum dum te haec omnia melius scientem ammoneo. Caritas me conpulit loqui, quae omnia suffert. Per quam ut meam imperitiam sufferas deprecor et ut diligentem te diligas, quia qui in caritate manet in Deo manet quia Deus caritas est.

Diuina clementia ad profectum sancte congregationis cui deseruies incolumem et prosperis successibus florentem in multa tempora te conseruare dignetur.

4
News for Colcu

Benedicto magistro et pio patri Colcu Alcuine humilis leuita salutem.

Audita sanitate et prosperitate paternitatis uestre totis ut fateor gauisus sum uisceribus. Et quia curiosum te nostri itineris putaui uel rerum in mundo nuper gestarum, per hos rusticitatis meę apices tuę prouidentię innotescere curaui seu audita seu uisa.

Primo sciat dilectio tua quod miserante Deo sancta eius eclesia in partibus Europe pacem habet, proficit, et crescit, nam antiqui/ Saxones et omnes Frisonum populi, instante rege Karolo alios premiis et alios minis sollicitante, ad fidem Christi conuersi sunt. Sed anno transacto idem rex cum exercitu inruit

---

4/1 *Colcu*: a teacher of Alcuin and of his friend Joseph, addressed in the next letter. According to C. J. B. Gaskoin (*Alcuin, His Life and Work* [New York 1966] 55) and others, he was also a famous sage of Clonmacnoise in Ireland, but J. F. Kenney disputes this in *The Sources for the Early History of Ireland* (New York 1929) 534. For background to specific references to people, places and historical incidents, see Duckett, especially Ch. IV 'The World Outside the Court' 121-71.

/10 *Saxones ... conuersi sunt*: the Saxons were converted only less often than they were beaten, ie in 772, 775, 776, 782, 783, 785 and 794. The defeat and conversion alluded to is that of 785, when the recalcitrant Widukind was at last brought to bay and baptized and when pope Hadrian decreed three days of public thanksgiving for the victory.

super Sclauos, quos nos Uionudos dicimus, eosque suę subegit dicioni.

15 Greci uero tertio anno cum classe uenerunt in Italiam et, a ducibus regis prefati uicti, fugerunt ad naues. Quattuor milia ex illis occisi et mille captiui feruntur.

Similiter at Auari, quos nos Hunos dicimus, exarserunt in Italiam et a Christianis superati domum cum obprobrio reuersi
20 sunt, necnon et super Baugariam ruerunt. Qui et ipsi ab exercitu Christiano superati et dispersi sunt.

Etiam et eiusdem Christianissimi regis duces et tribuni multam partem Hispanię tulerunt a Saracenis, quasi trecenta milia in longum per maritima. Sed, heu pro dolor, quod idem
25 maledicti Saraceni, qui et Aggareni, tota dominantur Affrica et Asia Maioræ maxima ex parte. De quorum egressione tue uenerande prudentię dudum, ut estimo, scripsi.

De cetero, pater sanctissime, sciat reuerentia tua quod ego filius tuus et Ioseph uernaculus tuus, Deo miserante, sani
30 sumus, et tui amici toti qui apud nos sunt in prosperitate Deo

/13   *Sclauos*: according to the *Frankish Royal Annals* Charlemagne crossed the Elbe in 789 to conquer the territory of the Welatabi under Dragawit.
/15   *Greci*: the Sicilian Greeks, at the instigation of the Lombard prince Adelchis living in exile in Constantinople, attempted to regain control of Beneventum but were defeated by the duke of that city, who remained loyal to Charlemagne.
/18   *Auari*: not really the same as the Huns, though a closely related people. In 795, or about five years after the events described here, Eric duke of Friuli was to pierce the legendary nine walls of their city, the Ring, and make off with the treasure amassed there for centuries.
/20   *Baugariam*, Bavaria
/23   *partem Hispanie*: after his disappointment at Saragossa and defeat at Roncesvalles in 778, Charlemagne did receive the surrender of the city of Gerona in 785.
/25   *qui et Aggareni*: scil. *nominantur*
/26   *egressione*, referring to the departure of Saracens from the land taken by Charlemagne
/29   *Ioseph*: see I, 5/1 n.
/30   *toti*, as commonly in ML, = *omnes*

seruiunt. Set nescio quid de nobis uenturum fiet. Aliquid enim
dissentionis diabolico fomento inflammante nuper inter regem
Karolum et regem Offam exortum est, ita ut utrimque nauiga-
tio interdicta negotiantibus cessat. Sunt qui dicunt nos pro
35 pace esse in illas partes mittendos, sed obsecro ut uestris sacrosanctis orationibus manentes uel euntes muniamur.

Nescio quid peccaui quia tuę paternitatis dulcissimas litteras
multo tempore non merui uidere. Tamen, pernecessarias
orationes sanctitatis tuę me cotidie sentire credo. Misi caritati
40 tue aliquid de oleo, quod uix modo in Britannia inuenitur, ut
dispensares per loca necesaria episcoporum ad utilitatem
167v honoris Dei. Misi quoque L siclos fratribus de ele/mosina Karli
regis — obsecro ut pro eo oretis — et de mea elemosina L siclos,
et ad australes fratres Baldhuninga triginta siclos de elemosina
45 regis et triginta de elemosina mea, et uiginti siclos de elemosina
patris familie Areide et XX de elemosina mea, et per singulos
anachoritas III siclos de puro argento ut illi omnes orent pro
me et pro domno rege Carolo, ut Deus illum conseruet ad
tutelam sancte sue æclesie et ad laudem et gloriam sui nominis.
50 Exaudiat uos omnipotens Deus pro sancta sua aeclesia
intercedentes et proficere faciat in salutis eterne prosperitate.

/33 *Offam*: powerful king of Mercia (757-96). In 789 Charlemagne
asked for the hand of Offa's daughter for his son. Offa's
response, asking for Charlemagne's daughter Bertha for his
own son, was refused, probably causing the coolness referred to.
Offa's daughter Aelflaed married Aethelred, king of Northumbria in 792. See Stenton, 217-23.

/42 *siclos*: from the Vulgate, literally means 'shekel'. For Alcuin
it was a monetary measure rather than a coin, equivalent in
Anglo-Saxon exchange to about two pennies (*denarii*) or half
a shilling (*solidus*); DC, s.v. *siclus*.

/44, 46 *Baldhuninga*, *Areide*: unidentified. Mentioned by Alcuin
only here.

/46 *XX de elemosina mea*: the repetition of a second sum from
Alcuin, apparently destined for the same people, perhaps
means that he is matching the larger donations, though the
name of a further recipient may have dropped out before
uiginti in /45.

5
Requests to Joseph

Flaccus Albinus filio Iosepho salutem. Benedictus Deus qui facit mirabilia magna solus. Nuper Aeðelredus, filius Aeðelwaldi, de carcere processit in solium et de miseria in magestatem, cuius regni nouitate detenti sumus, et nolentes prepediti
5 uenire ad uos. Uos tamen in prosperitate spectate nos donec fiat uolente Deo quod optatis.

Mittite tamen mihi litteras de itinere uel manere domini regis nostri, de pace uel prelio, de sanitate uestra uel nostrorum hominum, uel quid noui accidiset illis in partibus. Mittite
10 quoque nobis necessaria ad mare, et Oduiinus uolente Deo nobis deferat.

V libras argenti uobiscum dimisi ad commutandum uel uendendum. Illarum pretium uel commutationem dirigite et alios V de nostro argento, et triplicia uestimenta caprina et
15 lanea ad puerorum opus laicorum uel clericorum, et linea ad meum opus, et cappas nigras et rubicundas caprinas, si euenerit tibi inuenire, et pigmenta multa de sulfure, bene et coloribus ad picturas.

Uę, uę mors in olla, o homo Dei, quia uinum defecit in

5/1   *Flaccus Albinus*: Flaccus was a pseudonym of Alcuin's (see Introduction, p. 1 for Albinus) identifying him with Horace but at the same time possibly providing a clue to his physical build, as Einhard's pseudonym *Nardulus* does for him. *Iosepho*: an Irish student of Alcuin and of Colcu (see preceding letter), then a member of Charlemagne's palace school. See Duckett, 153.
/2-3 Aethelred returned to power in 789, and in 790-3 Alcuin was back in England (see Stenton, 93 and Duckett, 158-61). On Aethelred see Introduction, pp. 4-5.
/7   *manere*: the infinitive used as a verbal noun, object of the preposition *de*, parallel with *itinere*
/10   *Oduiinus*: a student of Alcuin's (see Dümmler, 202-3)
/17   *bene*: perhaps in the sense '*bene(mixta)*'. One would have expected *bona* or *bella* here, but the sense may be 'many pigments of sulfur, fine also for colours for pictures.' Possibly corrupt.

5/ Requests to Joseph

20 sitharchis nostris, et celia acerba furit in uentriculis nostris. Et
quia nos non habemus, tu bibe pro nostro nomine. Et letum
duc diem, nos tristem quia non habemus quod letificat et uix
est qui confirmet. Manda Eanfrigiðo ut ad te ueniat ut <sci>as
168r quomodo habeat et mittat/ mihi argentum quod in cella col-
25 legit et caprinum uestimentum, sicut demandaui ei et
Frotgoneg — argentum quod de Uurmec uilla habeat.

Adiuua me et benedic iter agentes ad sanctum Petrum
legationis causa. Da illis libram argenti et meum iuuenem
equum, et honorifice eum tracta in uino et pane. Et saluta
30 fratres nostros in bacho et berbice et in libra argenti, et infan-
tes similiter suos, et semper benefacite uiduis et orfanis nostris
de frumento, uino, et lardo.

Obsecro ne tibi durum sit quod tibi tanta mandauero, quia
Deus multiplicat fructum iustitię et multiplicat merita fideli-
35 tatis tuę in ęternum remuneratione perpetua.

Uinter medicus mihi promisit duo carrata de uino optimo
et claro. Quem rogaui ut tibi redderet, et si habeas, et si
optimum sit, mittantur Rufu ut ille mihi dirigat unum et aliud
Brorda. Volente Deo, cogitamus uenire.

/20 *sitharchis* = *sitarchiis*, from *sitarchia*;
   in *sitharchis*, 'among our provisions' or 'in our baggage'
   celia, beer
/22 *nos tristem*: scil. *diem ducimus*
/23, 26 *Eanfrigiðo, Frotgoneg, Uurmec*: two people and a place
   mentioned by Alcuin only here
/28-9 *Da illis ... et pane*: the explanation for the shift from plural
   to singular is perhaps that there is one official ambassador (*eum*)
   known to both Joseph and Alcuin who is accompanied by a
   party of servants and subministers (*illis* /28 and *iter agentes* /27).
   No one travelled literally by himself in this period.
/30 *in bacho et berbice*, 'in wine and mutton'. *Bacho* = *baccho*.
   Berbix is a ML form for *vervex*, 'lamb' (DC).
/36 *Uinter*: Charlemagne's personal physician, whose unsuccessful
   attempt to treat the abbot of Fulda is on record in MGH
   Scriptores II 377.
   carrata, 'wine casks' — neuter plural, though the more usual
   form is feminine (DC)
/38, 39 *Rufu, Brorda*: uninflected proper names (see Textual Note /38)

40 Sanus est magister uester Colcu et sani amici tui qui apud
nos sunt. Sanum te faciat Deus cum amicis tuis. Heu, quare tu
sic longe es a nobis. Utinam fias prope ut gaudeamus in te sicut
sepe fecimus. Tamen te salutamus a longe et manda⟨mus⟩ ut
pasc⟨as⟩ Iosep c⟨um ami⟩cis sui⟨s⟩.

45 Adhuc nouam capellam inter uineta uideamus in te. Pax tibi
et salus habitantibus in te.

6
A Note to Bishop Arn

Dilecto patri Aquilę episcopo Albinus salutem.

Satis suaui commemoratione uestram recolo, sanctissime
pater, dilectionem et familiaritatem, optans ut quandoque
eueniat mihi tempus amabile quo collum caritatis tuę desideri-
5 orum meorum digitulis amplecter. O si mihi translatio Abbacuc
subito esset concessa, quam citatis manibus referrem in
amplexus paternitatis uestre, et quam complexis labris non
solum oculos et aures et os sed etiam manuum et pedum singulos digitorum articulos non semel sed multoties oscularer.
10 Uerum quia meriti mei non est ita uenire ad te, mittam sepius
168v rusticitatis meę litterulas, que in uice uerbor⟨um⟩ / meorum
loquantur pro me et dicant:

    'Semper in eternum, presul sanctissime, salue,
    atque tui cuncti ualeant rogo semper amici.'

15 Obsecro iterum, iterumque ammoneo ut te ipsum consideres,
et quo tendas agnoscas, et quid facias prouideas, et coram quam

---

5/40   *Colcu*: see I, 4/1 n.
/45-6   *Adhuc ... in te*: 'May we yet see the new chapel in your vicinity' (*capella* = 'chapel' and *vineta* = *vicinetum*, 'neighbourhood': see RMLWL). *In te* means '*chez vous*', as it does in the next sentence. The reference is to the famous palace chapel built at Aachen (Aix-la-Chapelle) for Charlemagne during these years, ca. 790.
6/1   *Aquilę*: Arn. See I, 2/3 n.
/5   *Abbacuc* = *Habacuc* (Habakkuk)
/6   *referrem*: scil. *me*

terribili iudice rationem redditurus sis, non solum de te set
etiam de singulis animabus que tuo commisse sunt regimini.
Idcirco non segniter labora. Predica oportune, importune,
20 idem uolenti et nolenti. Argue, obsecra, increpa, ut merearis a
domino audire Deo tuo, 'Euge, serue bone et fidelis, quia super
pauca fuisti fidelis, supra multa te constituam. Intra in gaudium
domini Dei tui.'

Saluta, obsecro, N, consocium et amicum meum. Sequenti
25 anno certum eum faciam si ille certus erit quid uelit uel possit.

Nouitas regni nostri me retinet adhuc isto anno. Salus uos
retineat in regno aeterno. Mementote in orationibus uestris
nostri nominis, obsecro. Memor sit uestri omnipotens Deus in
eterna misericordia.

7
'Get Well' to a Friend

Dilecto patri perpetuam salutem.

Misi uobis per Eanbaldum presbyterum litteras et legationes,
utinam uobis tam acceptabiles quam desiderabili caritate
ego direxi. Et si adhuc aliquid possum ediscere uel adquirere,
5 libenter uobis dirigere studeo. Nam Basilius medicus, qui uobis
in montanis Romam pergenti medicamenta tradidit, iam
mortuus est.

Sed uiuit caritas in nobis que tuę salutis semper curam
habebit. Uiuit etiam et semper uiuit uerus etiam omnium in se
10 sperantium Saluator, Deus Iesus, qui tibi presentem tribuat
sanitatem et perpetuam perdonet beatitudinem.

6/24   *N*: abbreviation for *nomen, nomine*. *S*1 has 'Laedredum' here –
the bishop of Lyons in 798 (Dümmler, 36, n. 5).
/26   *Nouitas regni nostri*: Aethelred's return to power, as described
in **I**, 5/1-6 and the Introduction, p. 5.
7/2   Eanbald was a student and friend of Alcuin who in 796 became
archbishop of York. He is frequently addressed as Simeon. See
letters **II**, 6, 8 and 9 in this edition and Dümmler, letters 115
and 125. See Duckett, 205-8, 296-8.
/5   *Basilius medicus*: mentioned only here
/6   *pergenti*: agrees with *uobis*, plural in form only

Tu uero fideliter et ueraciter in illius permanens caritate,
spem habeas in illius bonitate et magnam in eius seruitio
deuotionem ut ille te honorificet in eternum, et nostri memor
per te tuos/que amicos ualeas in eternum.

8
'Arrived Safely' to One's Bishop or the Pope

Domino uenerando et uere dilecto illi, summo pontifici illi,
fidelis seruulus uester aeterne prosperitatis in Christo salutem.

Notum tibi sit, amantissime pater, per harum presentiam
litterarum quod per uestre intercessionis auxilium prospero
itinere ultra mare et postea ad nostrum, magis uestrum,
fidelem amicum peruenimus, sicut harum portitor litterarum
tibi melius, eo quod semper mecum fuit, uiua uoce indicare
potest. Tuamque legationem de orantibus et de medicamentis
et de aliis rebus quas mihi iniungere dignans fuisti, quantum
memoria retinere potui fideliter demonstraui. De quibus
aliquid certe responsionis ut credo per hunc missum litteris
tibi demandat.

Deprecor etiam ut illos caballos III quos tuę paternitati
commendaui huius portitori indiculi prestari facias, ut eo
facilius possit per uestrum adiutorium cum legationibus Albini
magistri meisque ad patriam uenire. Semper enim habeo
solacium ammonitionis, benedictionis et promissionis tue in
sanctis orationibus quas mihi pro tua bonitate promisisti.
Remunerator omnium bonorum Deus tibi retribuere dignetur
quicquid mihi indigno siue in seculari seu in spiritali bonitate
concedisti, et te per multorum tempora annorum ad defensionem sue sancte ecclesie conseruare dignetur.

7/15 *per te tuosque amicos*, 'by your prayers and those of your friends'
8/ This letter could not be based on one of Alcuin's, since it refers
to him in the third person (/15).
/8-12 *Tuamque ... demandat*: 'Your commission regarding beadsmen
and medicine and the other matters which you deemed worthy
to impose upon me, I have faithfully explained as far as I was
able to remember them. In this missive he commits to writing,
as I believe, some sort of certain answer about these things.'
dignans fuisti (/9) = *dignatus es*

9
'Thank You' and Congratulations to a Superior

Domino in Christi caritate dilectissimo illi, humilis leuita Alcuinus salutem.

Acceptis litteris tuis simul et suauissimis muneribus letatus sum, sed maxime de prosperitate et reuersione uestra ad sedem pristine dignitatis uestre, de cuius amisione plenius tibi remandauero per filium nostrum illum diaconum, / quem uolente Deo direxero ad uos. Ideo rogo ut iubeatis eum cum honore ad uestram ducere presentiam ut et per uos dirigatur per uiam pacis.

Gratias tibi agimus, domine pater, qui nostri dignatus es habere memoriam sicut nos tui iugiter habemus. Et utinam Deus te proficere faciat in omni opere bono et exaudire dignetur intercedentem pro sancta sua ęclesia. Uiue feliciter in eternum, domine pater.

10
Introduction to a Priest

Carissimo in Christo patri illi, presbitero illi, in Domino salutem.

Quamuis corporali presentia mihi actenus ignotus sis, tamen spiritali presentia — ut aliorum relationum compertum — habeo famam tuam. Bona erga omnes ad te uenientes, qui experti sunt, solent referre, et ideo spiritaliter nobiscum in

---

9/1   *illi*: see Introduction, p. 3

/5-6, 7   *remandauero* and *direxero*: epistolary future perfect, expressing time from the point of view of the recipient, = 'will answer' and 'will direct'

/8   *ducere*: the Latin here conforms to Anglo-Saxon usage which, though lacking a passive infinitive form, often assumes a passive infinitive sense, especially after verbs of commanding. See R. Quirk and C. L. Wrenn *Old English Grammar* (London 1955) 80, 86.

10/1   *illi*: see Introduction, p. 3

/3   *actenus = hactenus*

/4   *compertum*, 'a fact' (RMLWL, s.v. *compert/io*)

orationibus iugiter presens es.

Quapropter ac fiducia fretus misi hunc puerum illum ad te,
rogans et obsecrans ut uestro patrocinio et saluatione mereatur
ad summum amicum tuum reuerti, dominum suum. Et si in
hac petitionum nobis innotescere dignemini, uicem reddere
uobiscum parati sumus de his quos nostras in partes dirigere
disideratis.

Omnipotens Deus uestram uitam incolumem et prosperam
multum tempus custodire dignetur, domine pater dilectissime.

11
Excuses and Explanations

Aliorum neglegentia mihi non est imputanda, qui ita non
fecerunt sicut ego mandaui. Nihil meum mea uoluntate tibi
alienum uoluissem fieri. Sed siue infidelitas siue infirmitas
eorum fuit, quod non factum est sicut mandaui nullatenus tua
inputet bonitas, qui tibi cupio sicut et mihi deseruire meos. Tu
scis tamen quod negotiis secularibus utcumque me liberatum
habeo, Deo soli uacare desiderans, uestrisque/ sanctissimis
orationibus adiuuari perpetualiter deposco.

Uestram semper habentes memoriam nomen scriptum inter
nomina sanctorum patrum, quod inter nomina sanctorum
apostolorum in celesti libro scriptum est opto et credo per Dei
misericordiam.

Mitte mihi tempore oportuno pelliciam longam qualem mihi
misisti, nisi forte alba potest esse, que molliorem lanam habere
uidetur.

10/8   *ac = hac*
 /9   *saluatione*: here in the sense 'safeguarding'
 /10-11   *in hac petitionum*: scil. *serie*
 /13   *disideratis = desideratis*
11/5   *inputet bonitas*: scil. *mihi*
 /6   *utcumque*: scil. *possum*
 /9   *habentes*: the plural of formal, polite discourse, modifying the singular subject of *opto* and *credo* (/11). Compare *uestram* in the last sentence of the preceding letter and *pergenti* in **I**, 7/6 n.
   nomen scriptum: scil. *esse*

12
Acknowledging an Archbishop's Letter

Venerando et amabili in caritate Christi patri et fratri illi, archiepiscopo illi, humilis leuita in Domino salutem.

Ueniens ad nos filius noster ille tuę nobis caritatis salutationes dulcissimas, et sermones iocundissimos, et amicitiam
5 optatissimam adtulit. Sed et nostri memoriam te in tuis sacrosanctis orationibus habere uelle dixerat. Hec omnia gratanti animo suscepimus et pro eis gratias agimus et eadem tibi facere in istis nostris partibus studebimus. Et uolumus, sicut per eum petisti, amicitiam nostram inter nos confirmare in illo
10 qui nos exaltauit et elegit et populo suo preesse uoluit. Uestre fraternitatis legationem et homines semper cum honore sumus accepturi. Et ita rogamus ut quandocumque nostri uenerint, familiariter eos accipiatis.

Hec enim uestre beatitudini uelociori manu admodum per-
15 scripsimus ne uos putaretis uel salutationem uestram neglegere aut amicitiam spernere. Iterum, Deo uolente et uita commite, certius et firmius scripturi. Bene te ualere cupio, uenerande et amabilis in caritate pater et frater.

13
Good Wishes and Advice to a Priest Friend

Karissimo filio illi, presbitero illi, salutem.

Audio te esse in seruitio sancti Agustini primi predicatoris nostri. Idcirco te magno deprecor desiderio/ ut apud eundem

---

12/2 *illi*: see Introduction, p. 3
/6 *dixerat*: epistolary pluperfect = simple past. Cf I, 9/5-6, 7 n.
/16 *commite = comite*
/17 *scripturi*: scil. *sumus*
13/1 *illi*: see Introduction, p. 3
/2 *Agustini = Augustini*, or St Augustine of Canterbury, the missionary sent by Gregory the Great in 597 to evangelize the English. The meaning is that he has entered the monastery founded by Augustine, originally called Sts Peter and Paul, but later named after its founder. See Stenton, 109, 111, and 449 n. 1.

sanctissimum salutis nostre ministrum me recordari digneris in sanctis orationibus tuis. Et hoc summa uoluntate obsecro ut lectionis studio in docendo iuuenes deseruias, eosque exhortare sepius de confessione peccatorum suorum ne antiquus hostis dominetur illis in desiderio carnali uel quocumque peccato. Dictum est enim, 'Spiritus sanctus in maliuolam animam non intrat, nec in corpore subdito peccatis habitat.'

Magna anime tue retributio manet apud Deum in salute illorum, sicut optime nosti apostolum Iacobum dicere, 'Qui conuerti fecerit peccatorem' et reliqua. Mundandum est cor a conscientia totius mali ut dignum habeatur sapientie uasculum et diuinitatis uisitatione. Quapropter studiosisime hec duo doceto, cum propheta dicens, 'Deuerte a malo et fac bonum.' Nec sufficit unum ex his nisi alterum sequatur. Aperiant adolescentuli uulnera sua medicis spiritalibus, ut salutem sempiternam mereantur accipere.

Saluta, obsecro, filium meum, fratrem uero uenerande dignitatis tue, et de his omnibus meis uerbis ammoneas illum ut honeste uiuat aliosque doceat, ut sit uas utile in domo Dei. Tuosque qui tecum sint discipulos meo nomine, obsecro, saluta, et peto ut memores sint mei nominis inter sanctissimas eorum preces. Deus, Dei filius, saluator et redemptor omnium fidelium augeat numerum uestrum et uos proficere faciat in omni bono et sapientia, filii karissimi.

Epilogus Epistole.

Bene elegisti apud sanctissimum patrem illum episcopum habitare eumque adiuuare in docendo sapientie studium, quod iterum atque iterum ammoneo ut di/ligenter facias. Hec est tibi merces magna apud Deum, quoniam qui erudiunt multos fulgent meritorum claritate ut firmamentum in perpetuas aeternitates.

/7 *antiquus hostis*, the devil
/15 *studiosisime = studiosissime*

14
'Thank You' to a Lady

Dulcissime sorori illi, Alcuinus salutem — acceptis caritatis uestre munusculis, faciens de uestris orationibus sicut petisstis, et gratias agens uestre familiaritati qua me amicali dilectione haberi cognoui in memoriam — et istum filium meum huius portitorem indiculi tue commendo caritati, illum. Et depreceris domnam illam pro eo ut dignetur remittere eum cum honore in patriam.

Illam quoque dilectissimam dominam obsecro ut sub meo nomine salutes. Fideles fuimus illi semper, amantes profectum illius ad salutem anime sue, quam semper operari necesse habuit, sed nunc maxime eo quod post dominum suum regem excellentissimum remansit superstes. Que ut feliciter uiuat et Deo seruiat fideliter optamus et deprecamur clementiam eiusdem Dei domini nostri Iesu Christi.

14/1   *illi*: see Introduction, p. 3
/2   *petisstis* = *petistis*
/4   apodotic *et*: see H. C. Kim *Gospel of Nicodemus* (Toronto 1973) I, 6/9-12 n.
/6   *domnam illam*: Aelflaed, daughter of Offa, king of the Mercians, is possibly referred to. Aethelred, king of Northumbria, who died in 796, had married her in 792. See Stenton, 219, n. 1.

II

EPISTLES TO THE ENGLISH

British Museum MS Cotton Vespasian A XIV

fols. 114r to 148v

1
Epistula ad Aeðelredum regem (1)

Excellentissimo filio Æðelredo regi et amicis dulcissimis
Osbaldo patricio et Osberhto duci, et omnibus fraternę dilectionis amicis, Alchuinus lęuit\<a\> ęternę beatitudinis salutem.

5   Suauitas sancti amoris sepius me cogit de antiqua ammonere amicitia, de animarum uestrarum salute, et de fidei ueritate et de pacis concordia quam habere debetis inter uos, quia amicitia quę deseri potest numquam uera fuit. Amicus fidelis diu queritur, uix inuenitur, difficile seruatur. Uos quęrens inueni
10 amicos, seruabo amicos, nec dimittam quos amare coepi. Etsi lingua taceat uestra de me, litterę tamen meę non taceant de uobis, sed semper ammoneo deuotionis studio quorum semper desidero prosperitatis salutem.

    Cogitate quis uos multiplici liberauit tribulatione, quoties
15 presentem eius misericordia euasistis mortem, quoties de
114v manibus inimicorum erepti fuistis./ Recordamini quis uobis omnes perdonauit honores quos habetis, prosperitates contulit, sanitates largitus est, omnibus uos uestris fecit inimicis sublimiores. His omnibus bonis nolite ingrati esse, quia horum
20 gratia bonorum uitam merebimini sempiternam.

    Sed quia hęc felicitas huius sęculi uobis eterna esse non poterit, studete diligentissime ut post hos honores terrenos cęlestes habere mereamini. Omnia huius sęculi delectamenta

II, 1/	Headnote: the scribe or another copyist practised the first few characters of the letter, 'ęxcelent', at the top of 114r.
/1	On Aethelred see Introduction, pp. 4-5.
/3	Osbald was a powerful thane at Aethelred's court. When his master was assassinated in 796 he ruled for twenty-seven days under suspicious circumstances. See Duckett, 165, 168-9. Osberht was a Northumbrian ealdorman, possibly a personal attendant of queen Aelflaed, daughter of Offa. See Dümmler, letters 122 and 178, n. 4; Duckett, 208.
/12	*ammoneo*: scil. *uos*
/20	*gratia*: here in the sense 'gratitude', with *bonorum* as an objective genitive
/23	*delectamenta*: scil. *fugiunt*

uelut uolatilis fugit umbra et solummodo manet in remuneratione bonum quod pro Dei amore egistis. Grandis enim uia de terra uidetur esse ad celum. Firmissima debet esse scala per quam ascenditur. Facilis est casus ad inferna, sed hęc facilitas magnam habet difficultatem, sempiternum siquidem ignem, qui uret inextinguibiliter cadentes in illum. Difficultas uero ascensionis in celum magnum habet gaudium dum peruenitur quo ascenditur, beatitudinem siquidem sempiternam.

Si forte quęritis quomodo quis ascendat in celum uel quis quomodo cadat in infernum, per mala igitur/ opera ruit ad infima, per bona uero opera ascendit ad superna. Mala itaque sunt opera: delectatio carnalis, ambitio secularis, auaritia, et omnis concupiscentia mala, uiolentia, rapina, mendacia, [periurium], luxuria, fornicatio, inuidia, homicidia, ebrietates, comesationes, inimicit<ie>, periuria, et superbia, dicente apostolo, 'Quoniam qui talia agunt regnum Dei non possidebunt', nisi confessione et longa poenitentia et elemosinis multis emendentur. Unumquodque horum quos enumeraui regnum Dei claudere poterit et infernales poenas aperire homini. Vę anime quę ardentes flammas sustinere cogitur.

Bona uero sunt opera per quę ascendere cęlum possumus: karitas Dei, honor illius et timor, uigilię et orationes ad Deum, dilectio hominum et misericordia in homines et remissio peccantibus in nos, iustitia in iudiciis, ueritas in uerbis, patientia in aduersitatibus, nemini reddere malum pro malo, elemosinae in pauperes, benignitas in omnes homines, pietas in amicos,/ fides recta in Deum, spes firma in illius bonitatem, modestia in uestimentis et in omni usu sęculi temperantia, continentia in cibo et potu, in mente humilitas, in moribus honestas, in omni uita aequitas.

Hi sunt gradus per quos cęlum ascenditur. Hi sunt mores

/27 *Facilis ... inferna*: compare *Aeneid* 6. 126 'facilis descensus Averno'
/28 *siquidem*, here and at /31 = 'namely'
/38 *comesationes* = *comissationes* (LS), 'drunken revels'
/39 *apostolo*: ie St Paul (Gal. 5:21)

qui homines faciunt laude dignos. Hęc sunt opera que gaudia
sempiterna merentur. Hęc est sapientia uera, ut homo sibi
preuideat quomodo in eternum feliciter uiuat. Nullatenus
homo perire poterit sicut animal quodlibet, sed post hanc
uitam uicturus erit in eternum, bene propter bona opera, male
propter mala opera, quia Deus unicuique reddet secundum
opera sua.

Nolite iniustas amare diuitias, quia omnis iniustitia ulciscitur a Deo et melior est benedictio Dei quam omnes diuitię
mundi. Quicquid in seculo amatur, amittitur. Quicquid pro
Deo datur, habetur. Cui largus eris si tuę anime tenax? Uel quis
tibi fidelis erit, si tu tibi ipse infidelis eris? Cur in alium spem
ponis et tu tibi ipsi bene facere non uis?

Morieris, o homo, et omnia dimittis que habes./ Hic uis
diues esse, peregrinus et parui temporis hospes, et non uis ibi
diues esse ubi semper eris. Premitte tibi diuitias tuas ut habeas
in eternum quod amas in sęculo. Construe tibi bonis operibus
beatam domum.

O quam miser erit qui semper arsurus erit in igne, qui
tenebris circumdatur horrendis, qui nichil audiet nisi uoces
flentium, et stridentium dentibus horrorem, qui nichil sentit
nisi flammas edaces et frigora ingentia et uermium uenenatos
dentes. Ut hęc horribilia, o amice, euadere ualeas nullus tibi
labor durus uideri debet. Ut ad illam beatitudinem peruenire
merearis, eterna pace iocundissimam, eterna gloria felicissimam,
nulla secularis ambitio, nulla carnalis delectatio, nulla inimicorum uindicta impediat cursum tuum. Sed curre dum lucem
habes, operare dum dies est quatinus ad lucem peruenias perpetuam, ut cum Christo et sanctis eius regnare merearis in
gloria sempiterna.

Non solum uos, uiri clarissimi et filii karissimi, his meis

/62-3 *ulciscitur*: in a passive sense
/68 *Morieris, dimittis*: the combination of future and generalizing present is awkward but intelligible. See Karl Strecker *Introduction to Medieval Latin* trans and rev Robert Palmer, 4th ed (Dublin 1967) 67.

1/ Ad Aeðelredum regem (1)

116v admoneo/ litterulis, sed et omnes dilectę gentis principes et
diuersarum dignitatum nomina, seu ęclesiastice pietatis ordines
seu secularis potentię sublimitates, communi karitatis intuitu,
quasi alumnus uestrę dilectioni deuotus deprecor Dei diligen-
90 tissime oboedire preceptis predicatoribusque salutis uestrę
subditos esse.

Illorum est, id est sacerdotum, uerba Dei non tacere.
Uestrum est, o principes, humiliter oboedire, diligenterque
implere. Regis est omnes iniquitates pietatis suę potentia ob-
95 primere, iustum esse in iudiciis, pronum in misericordia –
semper, quod ille miseretur subiectis, miserebitur ei Deus –
sobrium in moribus, ueridicum in uerbis, largum in donis,
prouidum in consiliis, consiliarios habere prudentes, Deum
timentes, honestis moribus ornatos. Oportet eum non cupidum
100 esse alienę hereditatis, non auarum, non uiolenter rapientem,
dicente apostolo, 'Neque fures, neque auari, neque rapaces
regnum Dei possidebunt.' Sepe enim per rapinas propria
amittit, quia Deus gemitum exaudiat oppressorum.

Legimus quoque quod regis bonitas totius est gentis prosper-
117r itas, uictoria/ exercituum, aeris temperies, terre habundantia,
filiorum benedictio, sanitas plebis. Magnum est totam regere
gentem – a regendo uero rex dicitur – et qui bene regit subiec-
tum sibi populum, bonam habet a Deo retributionem, regnum
scilicet celeste. Ualde feliciter regnat in terra qui de terreno
110 regno merebitur celeste. Orationibus uero et uigiliis eo instan-
tius ad Deum insistere debet quoniam non pro se solummodo
sed pro totius gentis prosperitate Deum deprecari debet.

Similiter principes et iudices populi in iustitia et pietate
populo presint. Uiduis, pupillis, et miseris sint quasi patres,
115 quia equitas principum populorum est exaltatio. Eclesiarum
Christi sint defensores et tutores, ut seruorum Dei orationibus

/96 *quod*: best understood as introducing a subordinate causal clause in an independent parenthetical sentence, but see Textual Note for a less obscure reading.
/101 *apostolo*: ie St Paul (I Cor. 6:10)
/104 *Legimus*: I am unable to find the source of this proverb.

longa uiuant prosperitate. Eclesia enim sponsa est Christi, et
qui eam uiolare nititur, uel rapere que sua sunt, uindicat in
eum Deus Christus, sponsus sanctę suę eclesię.
   Vidistis quomodo perierunt antecessores uestri reges et
principes, propter iniustitias et rapinas et inmunditias uitae.
Nec ab huiusmodi se criminum capitalium/ Deum timentes
abstinuerunt, nec — quod peius est — inmanissima scelerum
uulnera poenitentiae medicamentis sanare curauerunt, sed conputruerunt in peccatis suis donec repentino terrore cecidit
super eos iudicium Dei, et tam infeliciter in conspectu omnium
perierunt quia impudenter sine ulla reuerentia pessimis se inuolui sceleribus non metuerunt.
   Heu, quam misere presentem perdiderunt uitam, sed multo
miserabilius in eternis cruciantur tormentis. Timete illorum
perditionem et a talibus uosmetipsos impietatibus obseruate in
quibus illi perierunt. Idem enim Deus super uestra uigilat opera
qui illorum non pepercit sceleribus. Multi uero per rapinas et
iniquitates colligere gestiunt et nesciunt quod utrumque
propter auaritiam iniquam et terrena cito perdunt bona et
cęlestia numquam adquirunt. Illius modi, uiri fratres, in uobismetipsis cauete iniquitates, quatinus Deum omnipotentem in
presenti uita propitium habere mereamini et in futura eternorum largitorem/ bonorum.
   Pacem habete inter uos et benignitatem, misericordiam et
iustitiam ad omnes homines. Et castitatem corporis uestri
custodite, ut Spiritus sanctus uestris inhabitet pectoribus, qui
sapiens uobis semper suggerat consilium, uosque ab omni defendat hoste uisibili et inuisibili. Uestroque domino fideles
estote, ut per uestram concordiam regnum dilatetur uestrum

> /122-3 *Nec ... abstinuerunt*, 'Neither did they restrain themselves from such capital crimes.' *Huiusmodi* is treated as an indeclinable substantive adjective governing a partitive genitive (*criminum*); *se* is accusative.
>
> /131 *uosmetipsos ... obseruate*: *se observare* = *se abstinere*. See Iudic. 13:12; LS, s.v. *observo*, II D.
>
> /134 *utrumque*: looks forward to the correlative *et ... et* clauses

2/ Ad fratribus Uiorensis aecclesiae

quod sepe per discordiam minui solebat, dicente ipsa Ueritate,
'Omne regnum in seipsvm diuisum desolabitur', sicuti maxima
mundi imperia per dissentiones intestinas dilapsa decrescebant,
et e contrario minima quęque ciuitatis cuiuslibet uel prouincie
150 per pacificam concordiam regnum crescebat et proficiebat et
fortioribus sibi tandem imperabat regnis.

Timete flagellum quod uenit super ęclesiam sancti
Cuðberhti, locum scilicet sanctissimum et multorum sanctorum suffragiis diu tutissimum, nunc uero miserabiliter a paga-
155 nis deuastatum. Qui hoc non timet et seipsum non corrigit et
118v pro sua prosperitate non plangit ad Deum, carneum/ non habet
cor sed lapideum.

Episcoporum est monasteria corrigere, seruorum Dei uitam
disponere, populo Dei uerbum predicare. Laicorum est oboedi-
160 re predicationi. Sacerdotum est diligenter plebem erudire sub-
iectam, iustos esse et misericordes, quatinus diuina benedictio
per suam magnam misericordiam nobis nostrisque nepotibus
patriam in bona prosperitate conseruare dignetur, quam nostris
parentibus per pietatis suę dexteram perdonare dignata est. Ad
165 defensionem sanctę suę eclesię et prosperitatem gentis nostre
diuina pietas uos conseruare dignetur.

2
Epistula Albini magistri ad fratribus Uiorensis aecclesiae

Sanctissimis in Christo fratribus Viorensis eclesię et Gyruensis,
humilis leuita Alchuine salutem. Semper pietatis uestrę religi-

---

1/147   *'Omne ... desolabitur'*: Lc. 11:17
/149   *minima quęque*: scil. *pars*
/150   *regnum*: internal accusative, 'as a kingdom'
/151   *sibi*: dative of comparison
/153   Cuthbert was the appealing prior of Lindisfarne and bishop of Hexham (d. 687) whose life is told both by Bede and by an anonymous monk of Lindisfarne. See Bertram Colgrave ed *Two Lives of Saint Cuthbert* (Cambridge 1940).
2/1   *ad fratribus*: grammar characteristic of the headings but not of the letters
/2   *Viorensis eclesię et Gyruensis*: the sister monasteries Wear-

onem, ex quo scire potui, amaui, magnamque in uestrę unanimitatis orationibus habens fiduciam et modo, licet corpore procul positus, animo tamen semper adsistens, quia latitudo karitatis nulla diuiditur longinquitate, nullis clauditur terminis, sed quo magis ardet in pectoris antro eo latius flammam suauissimi ardoris spargere adsuescit.

Sicut fons paradisum inrigans quadrifido/ tramite in latum diffunditur orbem, sic fons karitatis, pectus uirtutum floribus pullulans, in quattuor amoris riuos deriuatur, ueluti sanctus Augustinus in libro primo de doctrina Christiana dixit: 'Cum ergo quattuor sunt diligenda, unum quod supra nos est, alterum quod nos sumus, tertium quod iuxta nos est, quartum quod infra nos est (Deus supra nos est, proximus iuxta nos est, corpus nostrum infra nos est) de secundo et quarto nulla precepta danda erant. Quantumlibet enim homo excidat a ueritate, remanet illi dilectio sui et dilectio corporis sui.'

Ideo scriptura precepit ut Deus diligatur et proximus. Nullum rerum diligendarum genus in his duobus preceptis pretermissum est. Salus uero corporis propter seruitutem Dei amanda est, et integritas animę in Deo diligenda est, proximus, id est omnis homo, propter Deum, et super omnia Deus diligendus est. 'Diliges', inquit, 'dominum Deum tuum ex toto corde tuo, et ex tota anima tua, et ex tota mente tua et diliges proximum tuum sicut te ipsum.'

Omnem uero hominem proximum esse exemplo uulnerati et Samaritani discamus. Nullum/ autem exceptum esse cui misericordie denegetur officium, quis non uideat quando ad inimicos etiam porrectum est, eodem Domino dicente, 'Diligite inimicos uestros. Benefacite his qui oderunt uos.' Si inimici diligendi sunt, quanto magis et fratres qui uno ouili continentur.

mouth and Jarrow, founded by Benedict Biscop in 674 and 681 respectively. See Stenton, 184-5.
/4 *magnamque*: the enclitic *-que* is redundant
/12 *pullulans*: in a causative sense
/14-19 *De doctrina Christiana* I. 23. 22

2/ Ad fratribus Uiorensis aecclesiae

Uos uero, fratres sanctissimi, eisdem patribus spiritali doctrina congeniti, eisdemque diu pastoribus per pascua uitę deducti, similibus regularis uitę institutionibus edocti, pacis et concordię unanimitatem diligentissime obseruate. 'Beati pacifici quoniam filii Dei uocabuntur.'

Non sint scismata occulte emulationis inter uos, quia Deus Christus Deus est pacis et caritatis, et 'qui in karitate manet, in Deo manet.' Dilectio uero proximi in officio misericordię et doctrina salutis ostenditur. Qui habeat uerbum Dei in corde doceat proximum. Qui habet seculi facultatem, adiuuet proximum. Qui habet cuiuslibet ministerii scientiam, opituletur proximo, ipso precipiente Deo, 'Omnia quecumque uultis ut faciant uobis homines, hęc eadem et uos facite illis.'

Regularis uitę obseruationem/ quam statuerunt uobis uestri sanctissimi patres, Benedictus scilicet et Ceolfridus, diligentissime custodite, quatinus cum illis eternæ benedictionis mercedem habere mereamini. Hęc est laus uestra. Iste est honor uester apud homines et retributio apud Deum.

Nolite conformare uos seculi hominibus in uestimentorum uanitate, in ebrietatis luxuria, in ioci lasciuia, in otiositatis petulantia, sed cum omni modestia et pietate conuersatio uestra Deo sit amabilis et hominibus uenerabilis, sicut decet filios sanctę matris et monachicę uite alumnos.

Uos uero qui estis patres et pastores sanctę congregationis, docete diligentissime fraterno amore familiam quam accepistis regendam. Omneque bonitatis exemplum in uobismetipsis ostendite. Seniores, ut patres, cum honore ammonete. Iuniores, ut filios, cum omni dilectione castigate. Omnes in spiritu mansuetudinis et uerborum honestate instruite. Sepiusque regula sancti Benedicti legatur in conuentu fratrum, et propria exponatur lingua ut intellegi possit ab omnibus. Ad cuius insti-

---

/49 On Benedict and Ceolfrith see **I, 3/18** and **/19** nn.
/64 *Benedicti*: St Benedict of Nursia (ca. 480-547), founder of Benedictine monasticism
/64-5 *propria exponatur lingua*: novice monks from the age of seven to ten would not follow the Latin. A century later the Danish

tutionem/ unusquisque suam corrigat uitam, ut quod Deo
uouistis ante altare inuiolabiliter custodiatur a uobis, dicente
propheta, 'Uouete et reddite domino Deo uestro.' Displicet
enim Deo infidelis promissio.
  Cogitate quem habeatis defensorem contra paganos qui
apparuerunt circa terminos maritime habitationis. Nolite in
armis spem ponere sed in Deo, qui numquam deserit sperantes
in se. Nolite in fuga confidere sed in prece patrum uestrorum,
sicque tantum filii eritis si eorum uestigiis adherere studeatis.
Non enim loci malefacientes adiuuat sanctitas, sed benefacientes religionis integritas efficiet sanctos et dignos protectione
diuina.
  Quis non timet terrorem qui accidit in eclesia sancti
Cuðberhti? Corrigite quapropter mores uestros ne propter
peccata sceleratorum pereant iusti, ne uinea Domini uulpinis
detur dentibus ad deradendum, ne sanctuaria Dei pedes paganorum pertranseant. Hoc impium esse uidetur, sed multo peius
est si diaboli atrocitas propter scelera nostra cordis deuastat
penetralia./ Propter interiores hostes exteriores potestatem
habent. Si igitur Deus propter bonam conuersationem et
castitatem uite habitator est cordis nostri, numquam inimicos
suos uastare dimittit que nostra sunt.
  O quanta multitudo exercitus Assyriorum propter unam
iusti regis et Deo dilecti orationem perierat. Aliorum castigatio
uestra sit ammonitio, et paucorum tribulatio multorum sit
saluatio. Uos maritima habitatis, unde pestis primo ingruit. In
nobis impletum est quod olim per prophetam predictum est,
'Ab aquilone inardescunt mala', et 'a Domino formidolosa

> raids had so disrupted education that king Alfred complained
> that nobody else would either. See Alfred's preface to the
> translation of Gregory's *Pastoral Care* ed Henry Sweet, Early
> English Text Society original series 45 (1871) 2-8.
> /78 *terrorem*: the sack of Lindisfarne. See Introduction, pp. 5-6.
>   For Cuthbert, see II, 1/153 n.
> /93-4 *'Ab aquilone ... laudatio ueniet'*: Jer. 1:14 and Job 37:22,
>   quoted from a pre-Jerome version; Gregory the Great explains
>   *formidolosa laudatio* by saying that there is a kind of 'terrifying

laudatio ueniet.' Ecce fugax latro boreales insulas nostrę partis peruasit. Plangamus quod fratres nostri perpessi sunt. Caueamus ne nobis aliquid accidat tale. Preueniamus faciem Domini in confessione, et ploremus coram Domino qui fecit nos, ut ille qui creator est et redemptor sit etiam protector et rector. Pro bonis uitę meritis et religionis castitate, dextera potentię suę defendat ouile suum.

Recordamini quia/ nobiles habuistis patres, et non sitis tantis progenitoribus degeneres filii. Videte librorum thesauros. Considerate ecclesiarum decorem, ædificiorum pulchritudinem, regularis uitę ordinem. Rememorate quia beatus est homo qui de his pulcherrimis habitaculis ad cęlestis regni gaudia transeat.

Adsuescant pueri laudibus adstare superni regis, non uulpium fodere cauernas, non leporum fugaces sequi cursus, quia impium est Christi amittere obsequia et uulpium sequi uestigia. Discant nunc pueri scripturas sacras, ut etate perfecta ueniente alios docere possint. Qui non discit in pueritia non docet in senectute.

Recogitate nobilissimum nostri temporis magistrum Boedam presbiterum. Quale habuit in iuuentute discendi studium, qualem nunc habeat inter homines laudem, multo maiorem apud Deum remunerationis gloriam. Illius ergo exemplo, dormientes excitate animos: magistris assidete, aperite/ libros, perspicite litteras, intellegite sensus illarum, ut et uosmetipsos pascere et aliis spiritalis uite pastum prebere ualeatis.

Absconditas comesationes et furtiuas ebrietates quasi foueam inferni uitate, dicente Salomone, 'Aque furtiue et panes absconditi suauiores sunt' sed 'apud inferos illarum conuiue sunt', uolens intellegi talibus epulis demones esse presentes.

praise' when pagan nations are converted because Christians are reminded that they may lose the faith just as unbelievers have received it, *Moralia* XXVII. 44 (PL 76. 441).

/113 *Boedam*: St Bede 'the Venerable' (673-735), author of the *Historia ecclesiastica gentis Anglorum* and leading scholar of his time

Uos decet ut filios Dei morum nobilitas, uite sanctitas,
uestimentorum modestia. 'Risus hominis et habitus illius et
incessus eius,' iuxta Salomonem, 'enuntiant de eo.' Quod in
laicis laus esse uidetur, id est uestimentorum cultus, hoc in
clericis et maxime in monachis reprehensio esse cognoscitur.
Sed et ipse princeps apostolorum etiam feminas a pretiosis
uestimentis et circulatis capillis prohibuit. 'Si hoc peccatum
non esset,' dicit sanctus Gregorius papa, 'numquam pastor
ecclesie a diliciis uestium feminas prohibuisset.'

Omnia/ uestra honesta cum ordine fiant, ut laudetur Deus
in uestra bona conuersatione, et honor uester apud homines
crescat, et merces meritorum multiplicetur apud Deum. Breue
est presentis uite tempus et ultima dies unicuique incerta, et
cito rapimur ad iudicem nostrum. Qualis quisque tunc cupiat
esse, talem se nunc tota uirtute exibeat. Si quid peccati pro
fragilitate carnis comiserit, abluat confessione, deleat poenitentia, ne dampnetur in poena sed coronetur in gloria.

Habetis sanctos patres qui uos genuerunt adiutores, si
illorum preceptorum eritis factores. Sed et angelicę dignitates
et omnium sanctorum agmina congaudent bonis uestris, desiderant uos socios habere suę beatitudinis. Immo et ipse Deus,
qui uult omnes homines saluos fieri, uobis eterni regni preparatam habet gloriam.

Nolite uos propter desidiam animi uel carnales delectationes
eternis fraudare bonis, sed magis omni studio intendite ut
Deum hic habeatis/ in defensorem, illic remuneratorem. Qui
uos proficere faciat in omni bonitate, et constituat inmaculatos
ante conspectum glorie suę.

Obsecro ut pietas uestra placide perlegat quod karitas nostra
deuote conscripsit, optans uos presentem habere prosperitatem
et futuram accipere beatitudinem. Meae quoque paruitatis ut
memores sitis in sanctis orationibus uestris per karitatis almitatem obtestor, et familiaritatem quam perdonastis mihi inuiola-

/129   *princeps apostolorum*: ie Peter (I Pt. 3:3)
/130-2 *In evangelia* I, homil. 6, sec. 3 (PL 76. 1097)
/138   exibeat = exhibeat

bili fide custodire recordamini, quatinus per uestras intercessiones ueniam habere merear meorum delictorum et uos mercedem fraterne dilectionis apud Deum habeatis sempiternam. Dextera Dei omnipotentis ab omni hoste uisibili <et inuisibili> uos protegat ubique, et in omni bono florere uos faciat, fratres karissimi.

3
Epistula Alcuini magistri ad Lindisfarnensis aecclesiam et ad Higebaldum episcopum et ad congregationem Cuthberhti

Beatissimi patris sancti scilicet Cuðberhti episcopi optimis in Christo filiis, Higbaldo episcopo, et omni congre/gationi Lindisfarnensis ecclesie, Alchuine diaconus cęlestem in Christi benedictione salutem.

Vestre uero karitatis familiaritas presentem me multum lętificare solebat. Sed uersa uice uestrę tribulationis calamitas licet absentem multum me cotidie contristat, quando pagani contaminauerunt sanctuaria Dei, et fuderunt sanguinem sanctorum in circuitu altaris, uastauerunt domum spei nostre, calcauerunt corpora sanctorum in templo Dei quasi sterquilinium in platea. Quid nobis dicendum est, nisi plangendum animo uobiscum ante altare Christi et dicere, 'Parce, Domine, parce populo tuo, et ne des hereditatem tuam gentibus ne dicant pagani, "Ubi est Deus Christianorum?"'

Que est fiducia ęclesiis Brittannię, si sanctus Cuðberhtus cum tanto sanctorum numero suam non defendit? Aut hoc maioris initium est doloris, aut peccata habitantium hoc

---

3/1 For the Viking attack on Lindisfarne, the subject of this letter, see Introduction, pp. 5-6.

/2 Higbald was bishop of the Northumbrian diocese of Lindisfarne and head of the monastery there. His situation represents a conflation of the Irish and continental systems of ecclesiastical organization, the first of which placed the bishop under an abbot's jurisdiction, while on the continent the bishop was in charge of a diocese with no direct relation to a monastery. See Stenton, 119 and 146. For Cuthbert see II, 1/153 n.

/14 *et dicere*: should be *dicendum*

exigerunt. Non equidem casu contigit, sed magni cuiuslibet meriti indicium est.

Sed modo qui residui estis/ state uiriliter, pugnate fortiter, defendite castra Dei. Mementote Iudam Machabeum, quia templum Dei purgauit et populum a seruitute liberauit extranea. Si quid corrigendum sit in moribus mansuetudinis uestre, citius corrigite. Patronos uestros ad uos reuocate, qui uos ad tempus dereliquerunt. Non defuit illis potestas apud Dei clementiam, sed — nescimus cur — tacuerunt.

Nolite gloriari in uanitate uestium. Hęc non est gloria sed contumelia sacerdotum et seruorum Dei. Nolite in ebrietate uerba orationum uestrarum delere. Non exeatis post luxurias carnis et auaritias seculi, sed in seruitio Dei et regularis uitę disciplina firmiter permanete ut sanctissimi patres qui uos genuerunt uobis protectores esse non cessent. Per illorum uestigia gradientes, illorum precibus securi permaneatis. Nolite tantis patribus degeneres esse filii. Nequaquam illi a uestra cessabunt defensione si uos illorum sequi uidebunt exempla.

Tamen de ista miseria nolite/ mente consternari. Castigat Deus omnem filium quem recipit, et ideo forte uos plus castigauit quia plus dilexit. Hierusalem, ciuitas Deo dilecta, cum templo Dei Chaldea flamma periit. Roma, sanctorum apostolorum et innumerabilium martyrum corona, circumdata paganorum uastatione disrupta est, sed pietate Dei cito recuperata. Tota poene Europa Gothorum uel Hunorum gladiis euacuata et flammis, sed modo, miserante Deo, ut celum stellis ita ęclesiis ornata fulgescit et in eis officia uigent et crescunt religionis Christiane.

Hortamini uosmetipsos inuicem dicentes, 'Reuertamur ad Dominum Deum nostrum, quia magnus est ad ignoscendum, et numquam deserit sperantes in se'.

Et tu pater sancte, dux populi Dei, pastor gregis sancti, medicus animarum, lucerna super candelabrum posita, esto forma in omni bonitate omnibus te uidentibus. Esto preco salutis cunctis te audientibus. Sit tuus comitatus honestus

/20 *exigerunt = exegerunt*

3/ Ad Lindisfarnensis aecclesiam

moribus, aliis exemp/lum ad uitam non ad perditionem. Sint tibi epule non in ebrietate, sed in sobrietate. Sint uestimenta tuo gradui condigna. Noli te conformari seculi hominibus in uanitate aliqua. Inanis ornatus uestimentorum et cultus inutilis tibi est obprobrium ante homines et peccatum ante Deum. Melius est animam, in perpetuum permanentem, bonis ornare moribus quam corpus, cito in puluerem putrescens, exquisitis comere uestibus.

Vestietur et satietur Christus in paupere ut hec faciens regnes cum Christo. Redemptio uiri proprie diuitię. Si aurum diligamus, premittamus nobis in cęlum ubi seruabitur nobis, et quod amamus habemus. Amemus eterna et non peritura. Ueras diligamus diuitias et non caducas, sempiternas et non transitorias. Paremus nobis laudem a Deo et non ab hominibus. Faciamus quod fecerunt sancti quos laudamus. Sequamur illorum uestigia in terris ut illorum glorie con/sortes esse mereamur in celis.

Diuine pietatis protectio uos ab omni aduersitate custodiat et in celestis regni gloria cum patribus uestris constituat, karissimi fratres.

Cum domnus noster rex Karolus, hostibus per Dei misericordiam subditis, domum reuertetur, nos Deo iuuante ad illum uenire disponimus, et si quid tunc uel de pueris qui in captiuitatem a paganis abducti sunt, uel de aliis quibusque necessitatibus uestris, uestre sanctitati proficere possumus, diligenter ad effectum perducere curabimus.

Ualete in Christo dilectissimi, et confirmamini semper proficientes.

/63 *Vestietur*: the context gives a hortatory sense to the future indicative which parallels the subjunctive of *satietur*. All extant MSS have this reading.

/75 *rex Karolus*: between 792 and 794 Charlemagne was fighting against both the Avars and the rebellious Saxons. He might have been occupied in either or both of these conflicts in late 793 or early 794. See Duckett, 129.

4
Epistula Albini magistri ad Aeðelredum regem (2)

Domino dilectissimo Æðelredo regi et omnibus optimatibus eius humilis leuita Alchuine salutem. Memor dulcissime dilectionis uestre, uiri fratres et patres etiam et honorabiles in Christo domini, desiderans longeua prosperitate patriam diuinam nobis conseruare/ misericordiam, quam gratuita largitate per suam nobis olim contulit gratiam — idcirco sepius uos, karissimi commilitones, uel presens si Deus annuerit uerbis, uel absens Spiritu inspirante diuino scriptis, ammonere non cesso, et que ad sospitatem patrię terrene et que ad beatitudinem perpetuę pertinere noscuntur sepius iterando, quasi ciuibus eiusdem patrie, auribus ingerere uestris, ut multoties audita mentibus inolescant ad salutem.

Quę est enim karitas in amicum, si utilia tacet amico? Cui debet homo fidem, si non patrie? Cui prosperitatem, si non ciuibus? Duplici enim germanitate conciues sumus, unius ciuitatis in Christo — id est matris ecclesię — filii, et unius patrię indigene. Ideo uestra non horrescat humanitas benigne accipere quod mea offerre pro salute patrie studet deuotio. Nec culpas uobis inuehere me arbitramini, sed poenas amouere uelle intellegite.

Ecce trecentis et quinquaginta ferme/ annis quod nos nostrique patres huius pulcherrime patrie incole fuimus et numquam talis terror prius apparuit in Brittannia ueluti modo a pagana gente perpessi sumus, nec eiusmodi nauigium fieri posse puta-

/1 On Albinus and Aethelred see Introduction p. 1, n. 2 and pp. 4-5.
/5 *diuinam*: modifies *misericordiam*
/19 *mea*: modifies *deuotio*
/22 *trecentis et quinquaginta ferme annis*: Alcuin must have been calculating from 449, the date given in Bede's *Historia ecclesiastica* (I 15), or 344 years before the sack of Lindisfarne.
quod: as a conjunction in a temporal sense (LS, s.v. *quod*, V)
/25 *nauigium*: a later hand has written *naufragium* above *nauigium* in the text. The effectiveness of the shallow-draft Norse boats for raiding expeditions of this kind has often been commented on: not until Alfred's reign (871-901) did the Anglo-Saxons

4/ Ad Aeðelredum regem (2)

batur. Ecce eclesia sancti Cuðberhti sacerdotum Dei sanguine
aspersa, omnibus spoliata ornamentis, locus cunctis in Brittannia uenerabilior, paganis gentibus datur ad depredandum, et
ubi primum post discessum sancti Paulini ab Euboracia Christiana religio in nostra gente sumpsit initium, ibi miserie et cala-
mitatis coepit exordium. Quis hoc non timet? Quis hoc quasi
captam patriam non plangit? Uineam electam uulpes depreda-
runt. Hereditas Domini data est populo non suo, et ubi laus
Domini, ibi ludus gentium. Festiuitas sancta uersa est in
luctum.

Atentius considerate, fratres, et diligentissime perspicite
ne forte hoc inconsuetum et inauditum malum aliqua inauditi
mali consuetudine promereretur. Non dico/ quod fornicationis
peccata prius non essent in populo, sed a diebus Ælfwaldi
regis fornicationes, adulteria, et incestus inundauerunt super
terram, ita ut absque omni uerecundia etiam et in ancillis Deo
dicatis hec peccata perpetrabantur. Quid dicam de auaritia,
rapinis, et uiolentis iudiciis, dum luce clarius constat quantum
ubique hec crimina succreuerunt et populus testatur spoliatus?
Qui sanctas legit scripturas et ueteres reuoluit historias et seculi
considerat euentum inueniet pro huiusmodi peccatis reges
regna et populos patriam perdidisse. Et dum aliena potentes
iniuste rapuerunt, propria iuste perdiderunt.

Signa enim huius miserie precesserunt, alia per res incon-
suetas, alia per mores insolitos. Quid significat pluuia sanguinis

---

build a ship capable of fighting against them. When this had
been forgotten, *nauigium* ceased to make sense. See Stenton,
241 and 261.

/26-7   *eclesia sancti Cuðberhti ... spoliata* etc: see Introduction,
pp. 5-6

/29   *sancti Paulini*: Paulinus was bishop of York and the first
Christian missionary to the Anglo-Saxons of Northumbria
(fl. 625). For the famous story of the conversion of king Edwin
by Paulinus, see Bede *Historia ecclesiastica* II 13.
Euboracia = York (CL *Eboracium* or *Eburacum*, OE *Eoforwic*)

/39   On Aelfwald see Introduction, p. 5. The remark is directed
against Aethelred, not Aelfwald.

qui quadragessimali tempore Euboraca ciuitate in ecclesia
beati Petri principis apostolorum, que caput est totius regni,
uidimus de borealibus domus sereno aere de summitate mina-
citer/ cadere tecti? Nonne potest putari a borealibus poenas
sanguinis uenire super populum quod in hoc facto nuper ingru-
ente super domum Dei incepisse uideri potest? Considerate
habitum, tonsuram, et mores principum et populi luxuriosos.
Ecce tonsura quam in barbis et in capillis paganis adsimilari
uoluistis. Nonne illorum terror inminet quorum tonsuram
habere uoluistis?

Quid quoque inmoderatus uestimentorum usus ultra humane
necessitatem nature, ultra antecessorum nostrorum consuetudi-
nem? Haec superfluitas principum paupertas est populi. Tales
consuetudines olim populo Dei nocuerunt et eum paganis gentibus dederunt in obprobrium, dicente propheta, 'Ue uobis qui
uendidistis pauperem pro calciamentis', id est animas hominum
pro ornamentis pedum. Alii inormitate uestium laborant, alii
frigore pereunt. Alii deliciis et epulis ut purpuratus Diues in-
undant, et Lazarus/ ante ianuam fame moritur. Vbi est fraterna
karitas? Ubi misericordia quam in miseros habere ammonetur?
Satietas diuitis esuries est pauperis.

Timenda est illa Dominica sententia, 'Iudicium absque
misericordia illi est qui non facit misericordiam'. Item beato
Petro apostolo dicente legimus, 'Tempus est ut iudicium incipi-
at a domo Dei'. Ecce iudicium a domo Dei in qua tanta luminaria totius Brittannię requiescunt cum magno ingruit terrore.
Quid de aliis estimandum est locis dum huic sanctissimo loco
iudicium non pepercit diuinum?

Non arbitror illorum hoc esse qui in eo habitant loco tantum-
modo peccatum. Vtinam ut illorum correptio aliorum sit emen-
datio, et quod pauci perpessi sunt plurimi pertimescant, et
unusquisque dicat in corde suo gemens et tremebundus, 'Si

/51 *qui*: as subject of the infinitive (*cadere* /54) *qui* ought to be accusative, '*quem uidimus cadere*'.
/80 *Vtinam ut*: for the redundant *ut*, see RMLWL, whose citation (for AD 800) is perhaps from this letter.

tanti uiri et tam sancti patres suam habitationem et requiei suę/ loca non defenderunt, quis mea defendet? '

85 Defendite patriam precibus assiduis ad Deum, iustitię et misericordię operibus ad homines. Sit uobis moderatus usus in uestimentis et cibo. Nichil melius patriam defendit quam principum equitas et pietas et seruorum Dei intercessiones. Mementote quod Ezechias, rex iustus et pius, una prece impetrauit a
90 Deo ut hostium centum LXXXV milia una nocte perimerentur ab angelo. Similiter idem ipse mortem imminentem sibi lacrimis profusis auertit et XV annos uite suę hac prece superaddi promeruit a Deo.

Mores enim honestos habete, Deo placabiles et hominibus
95 laudabiles. Estote rectores populi, non raptores, pastores non predatores. Deo dante honores accepistis. Adtendite obseruationem mandatorum eius ut eum habeatis seruatorem quem habuistis largitorem.

Oboedite sacerdotibus Dei. Illi enim habent rationem reddere Deo quomodo uos ammoneant/ et uos quomodo oboediatis illis. Sit una pax et karitas inter uos, illi intercessores pro uobis, uos defensores pro illis.

Super omnia autem karitatem Dei habete in cordibus uestris et eandem charitatem in obseruatione mandatorum eius ostendite.
105 Amate eum ut patrem ut ille uos defendat quasi filios. Volentes nolentes illum habebitis iudicem. Adtendite bonis operibus ut propitium eum habeatis uobis.

Preterit enim figura huius mundi et omnia kaduca sunt que hic uidentur uel habentur. Hoc solum de suo labore potest
110 homo secum adferre quod in elemosinis uel bonis operibus gerit. Omnes oportet nos stare ante tribunal Christi ut ostendat unusquisque omnia quae gessit siue bonum siue malum. Cauete tormenta gehenne dum uitari possunt et adquirite uobis regnum Dei et eternam beatitudinem cum Christo et sanctis eius in
115 secula sempiterna.

Deus uos et in hoc terreno regno felices efficiat et eternam uobis concedat cum sanctis suis patriam Domini,/ patres, fratres, et filii karissimi.

/99   *habent* here = *debent* (DC, s.v. *habere*)

5
Alia epistula ad Aeðelredum regem (3)

Domino dilectissimo Æðelredo regi Alchuine diaconus salutem. Propter familiaritatem dilectionis familiares tibi soli litteras scribere curaui, et quia semper te amabo semper te ammonere non cessabo, ut Dei uoluntati subditus Dei protectione dignus efficiaris et nobilitas regiæ dignitatis magna morum nobilitate honorificetur.

Non est liber uel nobilis qui peccatis seruiet, dicente Domino, 'Omnis qui facit peccatum seruus est peccati.' Non decet te in solio sedentem regni rusticis uiuere moribus. Ira tibi non dominetur sed ratio. Misericordia te amabilem faciat, non crvdelitas odibilem. Ueritas audiatur ex ore tuo, non falsitas. Kastitatis tibi conscius esto, non libidinis, continentię non luxurie, sobrietatis non ebrietatis. Noli notabilis esse in aliquo peccato, sed laudabilis in omni opere bono, largus in dando, non auarus/ in rapiendo.

Iustitia omnes tuos exornet actus. Esto forma honestatis omnibus te uidentibus. Noli, noli rapere aliena ne et propria perdas. Deum time, qui dixit, 'In quo enim iudicio iudicabitis, iudicabitur de uobis'.

Ama Deum Christum et eius oboedire mandatis, quatenus illius misericordia tibi tuisque filiis et amicis in benedictione conseruet regnum quod te habere uoluit et gloriam futurę beatitudinis concedere dignetur.

Deus omnipotens regni felicitate, morum dignitate, longeua prosperitate te florere faciat, dilectissime fili.

5/1   On Aethelred see Introduction, pp. 4-5. This is a private note probably sent along with the preceding letter. Notice the repetition of II, 4/9 in 5/4-5.

/21   *oboedire*: passive imperative in form but with a (middle) active meaning. Alcuin probably wrote *oboedi*, but see Introduction, pp. 9-10.

6
Epistula Albini magistri ad congregationem Eboracensis æclesię

Sanctissimę congregationis et dulcissimę dilectionis Eboracensis ęcclesię fratribus eiusdem pie matris filius Alchuine diaconus perpetui honoris pacem et salutem.

Venerabiles uestre dilectionis accepi litteras, quarum pacificam inscriptionis seriem idem ipse qui portauit mellifluis uestrę salutationis uerbis ualde amplificauit, refferens a uobis fraterni amoris perseuerantiam in nos, ita ut inter lacrimas allocutionis nostrę uestras per singula uerba uoces me audire estimarem quod in litteris/ apertissime agnoui, in quibus legens uestras uisum est mihi facies cernere. Quod ut uere fiat omnium efficiat largitor bonorum, ut tristitia uestra uertatur in gaudium et gaudium uestrum impleatur in illo qui suis quoque ait discipulis, 'Et gaudium uestrum nemo tollat a uobis', in quo est gaudium indeficiens, salus perpetua, prosperitas beata, beatitudo gloriosa.

Ut hęc omnia per suam concedere misericordiam dignetur, illius tota dilectione et tota uirtute inhereamus preceptis. Sanctorum patrum sequamur uestigia, qui nos genuerunt in Christo et in hoc sacratissimum ouile congregauerunt et paternę pietatis lacte nutrierunt. Horum animas in conspectu summi pastoris ac redemptoris nostri ęternis gaudiis semper adsistere credimus, et inde nostris fauere precibus si mandata uitę quę nobis, Spiritu sancto inspirante, statuerunt concordi deuotione nos obseruare agnoscunt.

Recordemur omni hora, dilectissimi fratres, quales habuimus patres/ et progenitores, quam preclaros et pios, Deo amabiles et omni populo honorabiles. Non simus degeneres illorum nobilitate filii. Dum horum inter sacratissimas constamus reliquias, eorum cogitemus imitari conuersationem, quatenus eorum consortes glorie effici mereamur.

Non nos seculi ambitio, non carnalis delectatio, non luxurię

6/1   *Eboracensis* = 'of York'; for OE and CL forms see **II**, 4/29 n.
/29   *nobilitate*: governed by *degeneres* (/28)

putredo, non ebrietatis uenena a rectissimo uitalis uię tramite
reuocent, per quem illi gradientes gloriam cum Deo meruerunt
sempiternam. Vnianimes estote in omni bono consilio, concordes in omni regularis uitę disciplina. Dei omnipotentis, qui
cordis secreta conspicit, honorem et uoluntatem pura primo
omnium querite conscientia, ut eius gratia quę optima sunt et
saluti proxima uos inuenire faciat. Fraternam et pacificam
semper habeamus karitatem ut oues decet Christi eisdem uitę
pascuis epulantes, unius ouilis muro manentes, in una orationis
domo Dei nobis misericordiam conuocantes.

    Nec aliquis se canonicis horis a communione/ sanctę oratio-
nis suę neglegens salutis separet. Melius est ut angelica nos
uisitatio horis competentibus inueniat cum fratribus orantes
quam diaboli seuitia in aliqua neglegentia uel luxuria torpentes.
Vnicuique secundum suum laborem merces manet in eternum.
Qui plus laborat, plus mercedis accipit, nec labor salutis nostrę
durus debet uideri. Sepe austeriora medicamenta optatam pre-
stare solent salutem. Videmus quia per angustam portam et
artam uiam sancti martyres uitam ingressi sunt sempiternam.
Nos uero, fratres, faciliori uia et leuiori cursu ad eiusdem uitę
possumus peruenire beatitudinem, ipsa dicente Ueritate, 'Multę
sunt mansiones in domu patris mei.' Propter merita diuersa,
mansiones multę. Tamen omnibus beata ęternitas et ęterna
beatitudo erit, quia quisquis ibi erit beatus erit et gloriosus, ubi
iusti fulgebunt sicut sol in regno patris eorum.

    Sicut enim sanctorum martyrum persecutores fuerunt,
diabolo/ <instigante, impii homines, sic nostri persecutores,
diabolo> suggerente, seculi concupiscentia et carnalis delectatio
et animi inconstantia et Dei neglegentia mandatorum. Et ueluti
illi martyres sancti, gratia adiuuante diuina, impios constanter
uicerunt tyrannos, palmam acceperunt glorię, sic et nos, si
nostros Deo auxiliante superamus aduersarios et diabolicis
uiriliter resistimus suggestionibus, coronam perpetuę laudis et
palmam ęterne beatitudinis accepturi erimus.

/42   *conuocantes*: here with the sense 'imploring with united voice'
      (RMLWL, s.v. *convoc/atio, 'convoc/o'*)

6/ Ad congregationem Eboracensis æclesię

    Mox remisissem Eanbaldum dilectioni uestrę, si eum infirmitas grauissima non preoccuparet. Ego quoque uestrę petitionis neglegens non fui, sed ille prefatus presbiter me euntem per loca sancta inuenit et rex cum exercitu Saxoniam uenit uastandam et ego absque eius conuenientia ire non potui, quia talis amicus mei cuilibet simili non est contemnendus. Dei enim gratia faciente plurimis profuit amicitia, quam Deus mihi donauit cum illo.

    Non enim auri auaritia — testis est cognitor cordis mei —/ Franciam ueni nec remansi in ea, sed ecclesiasticę causa necessitatis et ad confirmandam Catholicę fidei rationem, que a multis, heu, modo maculari nititur. Et desuper contextam Christi tvnicam, quam milites iuxta Christi crucem scindere non ausi sunt, in uarias rumpere partes presumunt. Ue mundo ab scandalis. Necesse est tamen ut ueniant, ut probati fiant electi. 'Filioli,' dicit Iohannes, 'nouissima hora est, et multi apparent antichristi', et forte ille unus adpropinquat in quo est omnis uersutia diaboli, sicut plurimos habet precursores. Cuius faciem, iuxta quod in Iob legitur, egestas precedit, non panis egestas sed audiendi uerbum Dei.

    Pro dolor, quam rari sunt predicatores uerbi Dei et quam plurimi seculi amatores. Idcirco uos, fratres sanctissimi, nostros studiose adolescentes in sapientia sanctarum scripturarum instruite, ut scientie lumen quod ab origine fidei in nostra refulsit ecclesia numquam extinguatur/ sed ad laudem et ad

---

/67 *Eanbaldum*: see **I**, 7/2 n.

/68-9 *uestrę petitionis*: the defensive tone of the next two paragraphs suggests that the community at York had asked Alcuin to return. He did, in fact, go to meet Charlemagne on his return from the Saxon wars in 795. See Duckett, 130.

/70-71 *rex ... Saxoniam uenit uastandam*: probably the final campaign of 795 (compare /67-8 and **II**, 8/38). *Ad* should govern the gerundive phrase.

/78 *nititur*: used in a passive sense, 'is striven to be stained'. Translate actively, 'which many strive to stain'. Alcuin wrote frequently in defense of the church against heresies. See Duckett, 175-90.

onorem Dei multis clarescat in locis, et nobis perpetua merces
in celest<i> maneat regno.

95 Uos, fratres karissimi, mei habete obsecro memoriam in
sanctis orationibus uestris, ut anima mea perpetua prosperitate
gaudeat in uobis. Ego deuot<us> uestrę paternitatis filius numquam obliuis<cor> uestri, sed semper presenti super omnes
alios diligo karitate, Deum cotidie cum intima cordis conpunc-
tione deprecans ut uos ęterna pietate custodiat, regat, atque
100 protegat. Ualete in Christo, fratres dilectissimi.

7

Incipit epistula Alcheriði anachoritae ad Higlacum lectorem et presbitervm

Igitur, o filioli, quietem silentiumque diligite, et scientię
operam date, atque exercete uosmetipsos ut frequenti consola-
5 tione men<tem> uestram puram exhibeatis Deo, nec orationes
uestrę inpediantur apud Deum.

Et uidete, fratres, ordinem humane uitę misere super terram:
a terra in ignem, de igne in iudicium, de iudicio aut in gehen-
nam aut in gloria<m>./ De terra enim creatus es. Terram cal-
10 cas. In terram ibis. A terra resurges. In igne probaberis. Et
iudicium intrabis eternum et horribile. Post hec, aut supplicium
aut regnum possidebis. Cum Susanna ergo clamandum est,
'Angustię mihi sunt undique', et cum Paulo heiulandum est et

6/92 *onorem = honorem*
7/1 *Alcheriði*: unidentified monk. Levison's attempt to identify
him with the 'Alchfrithus anch.' who composed three prayers
in the *Book of Cerne* (Wilhelm Levison *England and the Continent in the Eighth Century* [Oxford 1946] 296-7) is tempting
but lacks manuscript authority (see Textual Note). He edited
the letter from Gale's occasionally faulty transcription of A_1,
since A_1 and A_2 were not accessible in 1946 (ibid. 297-300).
This is the only edition of which I am aware.
/8 *in ignem*: both MSS read *in igne* here. Interpreted as a phrase
describing the manner in which the sinful soul leaves life (cf /10
In igne probaberis) the ablative might be accepted, but both
the grammar and the resulting theology seem unlikely.

7/ Alcheriði anachoritae ad Higlacum

dicendum, 'Infelix ego homo. Quis me liberabit de corpore
mortis huius [rei], nisi gratia Domini nostri Jesu Christi?'
 Quid ergo faciemus? Uel ignota amemus et queramus, ne
forte in perpetuum ignoremus et perdamus. Sine causa enim
natus est qui illa perpetua in perpetuum, et illa eterna in
æternum ignorabit et, nesciens ea, peribit. O te miserum
hominem. Quod uides debes odire, et quod amare te conuenit,
ignorare. Laqueus tibi tua uita. Inretiris, uelis nolis. In te habes
quo conpediris. In te non habes quo soluaris. Caue temet,
frater. In te ne confidas, quia a te laquearis nec a te solo
solueris. A te enim uenderis, a Christo redimeris. Oculos habes
cecos. Ligaris,/ libensque morti duceris.
 O intolerabilis cecitas. O dolor incomparabilis. O infelicissima miseria que fauet aduersariis, que libenter se tradit persecutoribus, sibi nusquam parcentibus, quibusque se alligantibus et morti tradentibus gaudens consentit. Quis umquam
letus ad mortem pergit? Quis ad iugulandum libens ducitur?
Uę tibi, humana miseria, utinam decollareris: tunc et non in
ęternum cruciareris. Quid te cecius, o misera humanitas, que
sic erras uidens. Licet uides usque ad cęlum, non ultra. Citra
celum sapis, ultra non sapis, licet nec citra bene scis. O dura et
infungibilis ignorantia, quis tibi narrabit inenarrabilia? Infelix
humanitas, quis tibi subueniet?

/15 *Domini ... Christi*: someone corrected the genitives here to
  datives (see Textual Note). Comparison with the best Greek
  text of the passage (Rom. 7:25) shows that 'charis' (= 'gratia'
  in the Vulgate) is followed by the dative 'to theo' (not translated in the Vulgate) and the genitive prepositional phrase 'dia
  Iesou Christou tou kuriou hemon', with the meaning, 'thanks
  be to God through Jesus Christ our Lord'. The dative does not
  suit this context, however. See *Jerome Biblical Commentary*
  ed Raymond E. Brown S.S. and others (Englewood Cliffs, New
  Jersey 1968) II 314. The correction is probably Wulfstan's, for
  rei in the same line is a clear example of his hand, and he may
  have been more concerned with Paul's intent than with Alcuin's.
/20 *odire* = *odisse*
  te conuenit, 'it pleases you' (without approbation)
/21 *ignorare*: ie *debes ignorare*
/35 *infungibilis*: here in the sense 'unparalleled'. DC glosses

Audi quid sapiens dixit, 'Cui pauca non sufficiunt, plura non proficiunt.' Audisti, credo, Dominum in euangelio dicentem, 'Discedite a me maledicti in ignem eternum.' Miser homo, esto misericors. Forte uel sic a filio perditionis subtrahere te poteris. Ne parcas cibo./ Ne fragili parcas uestimento. Ne tibi tua preferas.

Plus temet amas quam tua, plus animam tuam quam res tuas: plus temet amare debes quam aliena. Quid enim tuum est preter animam tuam? Noli ergo unicam tuam perdere pro nichilo. Ne parcas caducis, ne eterna perdas. Alienus tibi totus mundus est. Qui nudus natus, nudus sepelieris. O inremeabilis dementia qui alienum caducum tanto amore diligit ut eeternum proprium in eeternum perdat.

Cogita itaque mortem quę finem dat mundi uoluptatibus, et uide quo amoena diuitum abiit letitia, luxus, iocus, saltus, libido, luxuria. Certe euanuerunt uel conticuerunt. Et cadauer nudum, uermibus et putredine desoluendum, limus suscepit, et miserrima anima poenis aeternis reddita periit, sicut scriptum est, 'Subito defecerunt et perierunt/ propter iniquitatem suam uelut a somno.' Quid hac condicione lacrimabilius? Quid hac miseria infelicius quam ut quis usque ad corruptionem et perpetuum interitum huius uitae uana sectatur.

Idcirco deprecor, obsecro, et fraterna pietate pręcipio: uide, lege, et intellege quomodo debes pugnare contra diabolum. Ille pugnat primum gula, tu, frater, abstinentia. Ille superbia, tu semper humilitate. Ille luxuria, tu castitate. Ille auaritia, tu uero elemosina. Ille tenacitate, tu largitate. Ille mendacio, tu ueritate. Ille ira, tu mansuetudine et patientia. Ille discordia, tu concordia pacis. Ille tristitia, tu alacritate mentis et letitia pugna contra eum. Ille inuidia, tu amore fraternae dilectionis expugna. Ille uana gloria huius/ sęculi furit, tu toto corde quere futuram gloriam. Ille neglegentiam excitat ut securus sis, tu Dei amore semper instinctus quia 'beatus homo qui semper pauidus

fungibilis, 'fungibiles res, dicuntur apud Jurisconsultos, quarum una fungi potest vice alterius, ut eae sunt quae constant numero, pondere et mensura.'
/37-8 *sapiens*: I am unable to identify this allusion.

est'. Ille pigritia, corporis torpore, tu labore et uigiliis exsupera eum. Ille pugnat astutia corporis, tu simplicitate cordis interius animam tuam exorna. Ille inpatientia, tu patientia. Ille inmundas cogitationes inmittit in cor tuum, tu uero sanctas et puras et gladium spiritus, quod est uerbum Dei, oppone. Et frequenter ora. Oratio assidua ignita diaboli iacula exsuperat. Ille pugnat infidelitate, tu uera fide resiste fortiter, et crede in unum Deum patrem omnipotentem.

Ille docet desperationem, tu uero spem tuam pone in misericordiam Dei et in redemptorem nostrum Jesum Christum,/ qui pro nobis incarnatus est et passus et sepultus, et patiendo diabolum uicit, et nobis uictoriam dedit. Qui etiam per resurrectionem suam eternam spem et scientiam futurę resurrectionis animarum et corporum in die iudicii donauit, et nobis per ascensionem suam cęlestis regni ianuam aperuit et ciues angelorum effecit. Et quis contra nos est, si ipse pro nobis est qui est ad dexteram Dei — qui etiam interpellat pro nobis?

Ipsi soli Deo uiuo et uero, uirtus et honor et potestas et imperium et omnis gloria in sęcula seculorum. Amen.

8
Epistula ad Enbaldum archiepiscopum

Dilectissimo in Christo filio Eanbaldo archiepiscopo, deuotus per omnia pater Albinus salutem.

Laus et gloria domino Deo omnipotenti, qui dies meos in prosperitate bona/ conseruauit, ut in filii mei karissimi exultatione gauderem, et aliquem ego ultimus ęcclesiae uernaculus, eius donante gratia qui est omnium bonorum largitor, erudirem ex filiis meis qui dignus haberetur dispensator esse misteriorum Christi, et laborare uice mea in ęcclęsia ubi ego nutritus et eruditus fueram, et pręesse thesauris sapientię in quibus me magister meus dilectus Aelberhtus archiepiscopus heredem

---

8/1 On Eanbald see I, 7/2 n.
/11 Albert was Eanbald I's predecessor in the see of York.
Alcuin succeeded him as master of the York cathedral school.
See Duckett, 19-22.

reliquit. Nunc uero mihi omni intentione pręcanda est diuina
clementia ut mihi superstes sit in hac uita qui mihi solatio
semper fuit in sua oboedientia, non quod mortem meam
optare uelim, sed ut uita illius prolongetur. Non enim filii
patribus sed patres filiis hereditare debent.

Ecce, karissime fili, omnia per Deum ha/bes quę sperare
potuit homo, etiam et plus quam nostra paruitas sperare
auderet. Modo uero uiriliter fac, et fortiter opus Domini quod
habes in manibus perfice ad mercedem animę nostrae, et ad
salutem multarum animarum. Non cesset lingua tua in predicando,
non pes tuus in circuiendo gregem tibi commissum, non
manus tua a laborando ut elemosinę fiant et sancta Dei ubique
exaltetur ęcclęsia. Esto forma salutis omnium. In te sit exemplum
conuersationis sanctissimę. In te sit solacium miserorum,
in te confortatio dubitantium, in te discipline rigor, in te
ueritatis fiducia, in te totius bonitatis spes.

Non te seculi pompa exaltet. Non ciborum luxus eneruet.
Non uestimentorum uanitas emolliat. Non advlantium linguę
decipiant. Non detrahentium aduersitas conturbet./ Non tristia
frangant. Non lęta eleuent. Non sis harundo uento agitata, non
flos aura tempestatis decidens, non paries ruinosa, non domus
super harenam posita, sed templum esto Dei uiui super firmam
petram constructum, cuius ipse sit Spiritus paraclytus
inhabitator.

Quanti putas possunt esse tibi dies? Finge in animo quasi
quinquaginta annos, et ecce hęc finem habent — nec ad hoc

/31-5 *Non sis ... inhabitator*: like Arn in **I, 2** (see Introduction, p. 11)
Alcuin here achieves emphasis by piling one scriptural allusion
on another. The progression of images, which move from reed,
flower and falling wall to the house built on sand and finally the
temple built on rock, is especially impressive when one notes
the specific associations with John the Baptist (Mt. 11:7), Isaias
(28:1-4), David as prophet (Ps. 61:4), Jesus' parable of the
house built on sand (Mt. 7:24) and St Paul's comparison of the
Christian community to the temple (I Cor. 3:10-17).

/37 *quinquaginta ... ad hoc*: the variation *annos, hęc, hoc* is odd,
but the sense is clear enough.

8/ Ad Enbaldum archiepiscopum

peruenire putandum. Infirmitas corporis tui te fortem faciat in
anima, et cum Apostolo, 'Quando infirmior, tunc fortior.'
Castigatio corporis profectus sit anime. Mitem te et humilem
ad meliores ostende, durum et rigidum ad superbos, omnia
omnibus factus ut omnes lucrari possis. Habeas in manibus tuis
mel et absinthium. Quicquid/ cui placeat ædat ex illis. Cui de
pia predicatione uesci libeat, accipiat mel. Qui dura inuectione
indigeat, bibat ex absinthio, ita tamen ut liceat ei mel uenię
sperare, si rosea confusio pęnitentiae pręcedat.

Omnia uestra honesta cum ordine fiant. Tempus statuatur
lectioni, et oratio suas habeat horas, et missarum sollemnia
proprio tempore conueniant. Qui diem sapit, Dominum sapit.
Sit modesta in conuiuiis lautitia. Sit casta in ieiuniis lętitia.
Lauetur pęnitentiæ facies, unguatur oleo misericordiae caput,
ut omnia acceptabilia fiant domino Deo, qui te elegit sibi
sacerdotem.

Omnis namque pontifex, ab hominibus adsumptus, pro
hominibus constituitur in his quę sunt ad Deum. Aaron stabat
cum turibulo dignitatis suae inter uiuos ac mortuos ut ira Dei
non ardesceret plus in populo./ Sacerdos uero Dei uerbi et
uoluntatis illius predicator debet esse in populum et intercessor
ad Deum pro populo, quasi mediator inter Deum et homines.

Qui sublimem ascendit locum cauere debet ne cadat, quia
ruina altioris loci periculosior esse dinoscitur. Qui stet, uideat
ne cadat. Qui iaceat, contendat ut resurgat. Et qui currat
caueat ne offendat, ne brauium illius alter accipiat.

Omnes quidem stare nos oportet ante tribunal Christi, ut
referat unusquisque quicquid in corpore gessit. Tunc non erit
tempus oleum emendi, et ideo ante pręuideamus ne tunc uacua
uasa habeamus. Sint modo lumbi precincti et lucerne ardentes
in manibus pręedicatoris, ut tunc fulgeat sicut sol in regno
patris sui, et pro multiplicatione pęcunię sibi commisse

/38 *peruenire putandum*: ie *te peruenire putandum est*
/43 *ædat = edat*
/51 *pęnitentiæ*: genitive. The grammar is explained by the context of the implied reference to Mt. 6:16-18.

laudetur a Domino suo et hono/retur ęterna gloria.

Noli hominum dominum te putare seculi, sed dispensatorem. Non te numerus propinquorum auarum faciat, quasi illis in hereditatem congregare debeas. Non deerit occasio congregandi, si cupiditatis — quę est omnium radix malorum — fomes inardescet. Nullus heres melior est Christo, nemo tui thesauri fidelior custos est, nam manus pauperis gazofilacium est Christi. Quod ex tuis optutibus illi commendare placeat, hoc per manus miserorum mitte. Dupplex fiat elemosina tua, una in saluandis animabus, altera iuuandis corporibus egentium. Ideo presbiteri dupplici honore, iuxta apostolum, digni habendi sunt, quia dupplici probentur fungi ministerio. Hilarem datorem diligit Deus, et qui seminat de benedictione de benedictionibus metet, et qui plus laborat plus/ mercedis accipit.

Sint tui socii honestis moribus ornati, non uestimentorum uanitate notabiles, sed morum dignitate laudabiles. Gloria patris, filius sapiens. Non sint ebrietatis sectatores, sed sobrietatis amatores, ut ex illorum bonis exemplis edificentur plurimi. Non inaniloquium uel scurilitas, sed sancta ex ore eorum audiatur psalmodia. Non per campos discurrentes uulpes agitando declament, sed tecum equitando psalmos dulci modulamine decantent.

Numquam sacrę benedictionis pallio indueris absque diaconorum adstantium ministerio. Habeas et subdiaconos, ceterosque ordinatim gradus ęcclesiæ, quatinus septiformis in donis sancti Spiritus ęcclesia septiformi ęcclesiasticorum graduum

/71 *Noli... seculi*: see Textual Note for two alternative readings, both better than A_2.

/77 *optutibus*: the reading of all three MSS. Perhaps from *obtutus* in the sense of 'sight' or 'presence', with a suggestion of the root verb *-tueor*: 'carefully guarded possessions'?

/95-6 *septiformi... distinctione*: the seven grades referred to are the four minor orders, porter, lector, exorcist and acolyte, plus the three major ones, subdeacon, deacon and priest. Until recently in the Latin church these grades had virtually ceased to exist as separate functions and become simply different aspects of ordination to the priesthood.

8/ Ad Enbaldum archiepiscopum

140r distinctione fulgeat./ Habeat unusquisque gradus dignitatis suę locum et uestimentum, et si in conuiuiis ordo seniorum et dignitatum seruanda est, quanto magis in ęcclesia Christi.

Sit clerus in habitu honestatis et uultu constantiae et in uoce moderata cantantes, magis Deo placere nitentes quam hominibus. Exaltatio inmoderata uocis iactantis signum est, sed omnia in humilitate et honestate fiant. Et non dispiciant Romanos discere ordines, quatinus – caput ęcclesiarum Christi secundum facultatem uirium imitantes – benedictionem a beato Petro principe apostolorum, quem dominus noster Jesus Christus caput electi sibi gregis statuit, habere mereantur ęternam. Sicut apis sapientissima, omnia quę honestatis sunt discendo probate, et quę optima esse uidentur eligendo retinete./

140v Pręuideat sancta sollertia tua magistros pueris. Clero segregentur separatim more illorum qui libros legant, qui cantilene inseruiant, qui scribendi studio deputentur. Habeas et singulis his ordinibus magistros suos, ne uacantes otio uagi discurrant per loca, uel inanes exerceant ludos, uel aliis mancipentur ineptiis.

Hęc omnia et sollertissima, fili karissime, tua consideret prouidentia, quatinus in sede principali gentis nostrę totius bonitatis et eruditionis fons inueniatur, ut ex eo sitiens uiator uel ęcclesiasticę discipline amator quicquid desideret anima

/100 *cantantes ... nitentes*: agreeing with the plural subject implied by the collective *clerus*

/103 *Romanos ... ordines*: the reference is to Roman liturgical practice set forth in the *Ordo Romanus* (DC, s.v. *ordo*). Alcuin was closely involved in promulgating Roman rites in Charlemagne's territories and adapting them to local conditions and predilections. See Ellard *Master Alcuin, Liturgist*, esp. chapters 5 and 10.

/110-12 *Clero ... deputentur*: *clero* is dative of reference, the *qui* clauses relative clauses of characteristic: 'For the clerical order, let those who read books (aloud) and those who practise their singing and those who are set to study calligraphy be divided separately according to their habitual activity.' For the clerical distinctions implied, see /95-6 n. above.

Ad Enbaldum archiepiscopum /8

sua haurire ualeat. Habetis me deuotissimum in his omnibus, licet in peregrinis habitantem, adiutorem.

Consideret quoque tua diligentissima in ęlemosinis pietas ubi xenodochia, id est hospitalia, fieri iubeas,/ in quibus sit cotidiana pauperum et peregrinorum susceptio, et ex nostris substantiis habeant.

Ecce ego dupplici fatigatus molestia, id est senectute et infirmitate, et forte adpropinquat dies metuendus – quo conteratur hydria super fontem et recurrat uitta aurea, reuertatur puluis in terram suam, spiritus ad Deum qui dedit illum – et ualde timidus pauesco quo examine tunc iudicandus sit. Tu, fili fidelissime, labora pro anima patris tui, siue nunc in hoc puluere mortis, siue tunc in iudicium properantis, ut requiem habeat uel etiam ueniam peccatorum suorum, ut maculę quę adheserunt illi ex hac lutulenta habitatione corpusculi fraterna intercessione abluantur.

Sed et post hanc conscriptionem animę meae etiam omnes filios meos, fratres et amicos – siue qui mecum sunt in peregrinatione, siue qui tecum uersari uidentur in patria –/ tuę commendo diligentissime fidelitati, ut habeas illos quasi proprios et non extraneos. Ad te respiciant omnes. In te gaudeant. In te consolationem habeant. Te honorent quasi patrem. Tu illos ama quasi filios, ut sit una pax omnium et concordia in karitate Christi.

Qui uos omnes in sua magna pietate et misericordia caelesti benedictione abundare faciat, protegat, regat, atque gubernet, et in omni bonitate proficere faciat ad augmentum mentis meae et profectum salutis uestrę ad exaltationem multorum, quatinus plurimi uestris bonis exemplis erudiantur atque ad uitam nobiscum mereantur uenire sempiternam.

Hęc, rogo, cartula melius scribatur et tecum pergat, tecum maneat, et sepius uicę linguę paternę tecum loquatur, fili mi, fili karissime, et fili in Christo desideran/tissime.

/132 *properantis*: agrees with *patris* in the preceding line
/136 *conscriptionem animę meae*: 'enrollment', ie in the book of life. Compare I, 11/9-12.

Omnipotens Deus in sua magna pietate uos ad exaltationem
sanctę suę ęcclesię multis feliciter annis in hac presenti uita
proficere faciat et in futuro gloriam tibi aeternam concedere
dignetur.

9
Epistula Albini ad Symeonem sacerdotem

Karissimo filio Symeoni sacerdoti Albinus pater salutem.

Si gaudendum est de ascensu, timendum est de lapsu, quia
de altiore loco periculosior est lapsus. Ideo, secundum pronomen tuum, esto semper speculator, non solum gregis tibi
commissi, sed etiam tui ipsius, ut in paucis diebus laboris
plurimam merearis habere mercedem beatitudinis. Tempora
periculosa sunt in Britannia, et mors regum miserię signum est,
et discordia captiuitatis origo. Et festinant uera esse quę sepius
audisti a nostro predici magistro.

Noli cupidus esse de auro et argento, sed de anima/rum
lucro. Me uero in orationibus et elemosinis memora cotidie, et
te in obseruatione mandatorum Dei semper. Et si tempestas
undique inmineat, guberna uiriliter nauem Christi, ut quandoque cum tuis nautis in portum peruenias prosperitatis. Numquam a sanctæ predicationis uerbo lingua sileat. Numquam a
bono opere manus torpescat. Et quocumque uadas, litteras
sancti Gregorii pastoralis tecum habeas. Sepius illum legas et
relegas.

9/1 Simeon was Eanbald II, archbishop of York. See I, 7/2 n.
Sacerdos refers equally to bishop (*episcopus*) and priest
(*presbyter*). Like II, 5 this is a private note probably sent
along with the preceding letter.

/3-4 Compare II, 8/60-61.

/5 *speculator*: *episcopus* is a Greek borrowing, meaning 'guardian'
or 'overseer', '*speculator*' in Latin. See II, 10/74 and Isidore
Etymologiae VII 12. 12.

/8 *mors regum*: three kings died in 796, Aethelred, Offa and Ecgfrith, Offa's son and successor. See Dümmler, letters 122, 123.

/10 *magistro*: referring either to Aelberht (see II, 8/11) or, possibly,
to Jesus (eg Lc. 21:5-36)

/17-18 *litteras ... habeas*: the text printed here is the one Wulfstan

10
Epistula Albini leuitae ad Aeðelhardum archiepiscopum

Pio patri et sancte sedis praesuli Aeðelhardo archiepiscopo, humilis leuita Albinus salutem.

Audiens uestrę salutationis uerba dulcissima et prosperitatis uestrę sanitatem multis pernecessariam, ualde me esse fateor gauisum, Domini et Dei nostri Iesu Christi deprecans tota mentis alacritate clementissimam pietatem, quatenus uestram longeuam custodiat prosperitatem in aug/mentum sanctę sue ęcclesie ut per tuam deuotissimam doctrinam uerbum uitę ęternę currat et crescat, et multiplicetur numerus populi Christiani in laudem et gloriam Saluatoris nostri.

In quo opere te, frater sancte, laborare tota uirtute obsecro et quanto plus adpropinquat dies remunerationis tanto magis mercedis tuę felicitatem accumulare studeas. Cogita quales haberes antecessores, doctores, et lumina totius Britannie inter horum sacratissima corpora dum oraueris. Illorum precibus certissime adiuuaberis, si ab illorum uestigiis te nec seculi caduca blandimenta subtrahant nec uani terrores principum formidantem efficiant. Memor esto semper quod guttur tuum tuba Dei debet esse et lingua tua omnibus preco salutis. Esto pastor non mercennarius, rector non subuersor, lux et non tenebre, ciuitas firma fide murata non domus pluuiis diruta, miles Christi gloriosus/ non apostata uilis, pater predicator et non adulator. Melius est Deum timere quam hominem, plus Deo placere quam hominibus blandiri. Quid est adulator nisi blandus inimicus? Ambos perdit, et seipsum et suum auditorem. Isti sunt qui 'consuunt puluillos sub omni cubito', et oues Christi morbidas faciunt non sanctas.

knew (see Introduction, pp. 9-10). For a more Alcuinian version see Textual Note. *Pastoralis* is accusative plural in A_2.
10/1   Aethelhard was archbishop of Canterbury from 792 to 805. This letter was written shortly after the sack of Lindisfarne in 793, but before the Kentish uprising of 796 which drove him temporarily from his see. See Stenton, 223-4.
/15-16 *inter ... corpora*: referring to the bodies of those buried in the cathedral at Canterbury since St Augustine's time

Uirgam accepisti pastoralem et baculum consolationis fraternæ, illam ad regendum, istum ad consolandum, ut merentes consolationem habeant in te, et contumaces correctionem sentiant per te. Potestas iudicis est occidere, tuvm uiuificare.

Quid times hominem propter gladium qui clauem regni accepisti a Christo? Recordare quia passus est pro te et ne metuas loqui pro illo. Ille pro tuo amore clauibus confixus pependit in cruce, et tu sedens in sella dignitatis tuae ob timorem hominis tacueris? Non ita, frater, non ita, sed sicut ille dilexit te, ita dilige et illum. Qui plus laborat, plus mercedis accipit./

Si persecutionem patieris propter uerbum Dei, quid beatius? — ipso Domino dicente, 'Beati qui persecutionem patiuntur propter iustitiam, quoniam ipsorum est regnum celorum', 'Et ibant apostoli a conspectu concilii gaudentes quoniam digni habiti sunt pro nomine Iesu contumeliam pati', et 'Non sunt condigne passiones huius temporis ad superuenturam gloriam quę reuelabitur in nobis'. Si corripueris delinquentem et ad tuam increpationem corriget se, ecce tibi est merces apud Dominum et sibi erit salus a Deo. Si te oderit increpantem, illi est damnatio et tibi beatitudo.

Esto miseris consolator, pauperibus pater, omnibus affabilis, donec intellegas quid cuicumque respondeas. Et semper tua responsio sale sit sapientiae condita, non temeraria sed honesta, non uerbosa sed modesta. Sint tibi mores humanitate preclari, humilitate laudabiles, pietate amabiles, ut non solum uerbis sed et exemplis erudias tecum uiuentes/ uel ad te uenientes. Sit manus tua larga in elemosinis, prompta in reddendo et cauta in accipiendo. Prępara tibi thesaurum in caelis. Diuitię uiri redemptio est anime illius, quia beatius est dare quam accipere. Inueniamus unam pretiosam margaritam. Demus omnia que habemus et emamus illam.

Lectio sanctę scripturae sepius tuis reperiatur in manibus ut ex illa te saturare et alios pascere ualeas. Uigilię et orationes assidue sint tibi eo magis quo pro toto populo Christiano intercedere debes. Locus tuus est inter Deum et homines stare ut Dei legationes deferas ad populum et pro populi peccatis intercedas ad Deum. Fac te, eius donante gratia, dignum ab eo exaudiri. Hęc dignitas est in uitę castitate et praedicandi fiducia, ipsa adtestante Ueritate, 'Sint lumbi uestri precincti et lucernę ardentes in manibus uestris.' In lumbis castitas, in lucernis predicationis claritas designatur./ Memor esto quod sacerdos angelus domini Dei est excelsi, et lex sancta ex ore eius requirenda est, iuxta quod in Malachia propheta legimus. Speculator quoque in excelso est positus loco, unde et episcopus dicitur quasi speculator qui omni exercitui Christi prudenti consilio pręuidere debet quid cauendum sit quidue agendum. Isti sunt, id est sacerdotes, luminaria sanctae Dei ęcclesie, doctores gregis Christi. Isti in prima acie uexillum sancte crucis non segniter subleuare debent et ad omnem impetum hostilis exercitus intrepidi stare. Hi sunt qui talenta redeunte rege nostro Deo Christo cum triumpho glorię ad paternam sedem acceperunt, et reueniente eodem magno Iudice in die ultimę discretionis rationem reddituri sunt quantum quisque ex predicationis labore lucratus esset in officio suo.

Quapropter temetipsum, karissime frater, idoneum prepara ministrum sermonis Dei. Alios quoque consacerdotes tuos ammone diligentissime in uerbo uitę/ cum omni instantia laborare quatenus cum multiplici negotiationis lucro ante conspectum aeterni iudicis gloriosi appareant.

Estote unianimes in omni pietatis consilio et constantes in omni iudicio æquitatis. Nullius uos humanę dignitatis terror separet, nulla adulationis blandimenta diuidant, sed quasi acies castrorum Dei firmissima unitate uos coniungite. Sic tandem concordia uestra terribilis apparet omni qui uult ueritati contradicere, Salomone testante, 'Frater si a fratre adiuuatur, ciuitas firma est'. Uos estis, dicente Ueritate, lux totius Brittanię, 'sal terrę, ciuitas super montem posita, lucerna super candelabrum eleuata'. Item, beato principe apostolorum attestante, 'Uos estis genus electum, regale sacerdotium'. Per uestrae uero predicationis instantiam nos erimus quod in eadem sequitur epistula 'gens sancta, populus adquisitionis',/ quatenus per uos

/74 *speculator*: here given its meaning 'look-out'. See II, 9/5 n.

10/ Ad Aeðelhardum archiepiscopum

uirtus adnuntietur illius qui nos omnes de tenebris uocauit in ammirabile lumen suum, qui aliquando non populus, nunc karissimus populus Dei.

Patres itaque nostri, Deo dispensante, licet pagani hanc patriam bellica uirtute primum possiderant. Quam grande igitur obprobrium est ut nos Christiani perdamus quod illi pagani adquisierunt. Hoc dico propter flagellum quod nuper accidit partibus insulę nostrae que prope trecentis XL annis a parentibus inhabitata est nostris. Legitur in libro Gildi, Britonum sapientissimi, quod idem ipsi Britones propter rapinas et auaritiam principum, propter iniquitatem et iniustitiam iudicum, propter desidiam et pigritiam predicationis episcoporum, propter luxuriam et malos mores populi patriam perdiderunt. Caueamus hęc eadem nostris temporibus uitia inolescere quatenus benedictio diuina nobis patriam conseruet in prosperitate bona quam nobis in sua misericordia perdonare dignata est.

Ut hoc ipsum/ omnipotentis Dei largissima efficiat pietas, uos qui clauem regni cęlestis cum apostolis, ligandi soluendique potestatem, accepistis a Christo aperite assiduis predicationibus portas cęli populo Dei, et nolite tacere ne populi peccata inputentur uobis. Requiret enim a uobis animas Deus quas ad regendum accepistis. Ex subiectorum salute uestra remuneratio multiplicetur.

Pusilanimes consolamini, humiles roborate, errantes in uiam ueritatis reducite, ignorantes instruite, scientes exortate, et bonis exemplis uitæ uestræ omnes confirmate. Contumaces et ueritati resistentes uirga castigate pastorali, ceteros baculo consolationis sustentate. Et, si unanimes eritis, quis uobis resistere poterit? Uel quis cum Deo pacem habuerit si predica-

/107 *flagellum*: ie the sack of Lindisfarne. See Introduction, pp. 5-6. The Vikings are seen as the unconscious instruments of divine punishment, as the Anglo-Saxons had been before them.
/109 *libro Gildi*: *De excidio et conquestu Britanniae* by the British monk Gildas (ca. 500-70)
/126 *exortate* = *exhortate*, which should be passive in form

toribus suae salutis non obtemperet? — dicente ipsa Ueritate
ad predicatores uerbi Dei, 'Qui uos audit, me audit, et qui uos
spernit, me spernit'. Item ad con/fortandos eos illisque fiduciam ingerendum loquendi sermonis Dei eadem Ueritas dicit,
'Quodcumque ligaueritis super terram, erit ligatum et in cęlis,
et quodcumque solueritis super terram, erit solutum et in
cęlis'.

Diuisa est potestas secularis et potestas spiritalis. Illa portat
gladium mortis in manu, hęc clauem uitę in lingua. His dicitur,
'Ne timueritis eos' — de illis dicitur, 'qui corpus occidunt,
animam autem occidere non possunt'. De spiritalibus dicitur,
'Ubi sunt duo uel tres congregati in nomine meo, ibi sum in
medio eorum'.

'Si Deus pro nobis,' ait apostolus, 'quis contra nos?' Si
Christus in medio suorum, quis illis nocere poterit? Idcirco,
uos sacerdotes fiduciam habere debetis predicandi, ceteri uero
humilitatem audiendi et obedientiam faciendi quę dicitis. Illi
sunt, id est seculares, defensores uestri, uos intercessores
eorum, ut sit unus grex sub uno Deo Christo pastore. Et fiat
hęc patria ab illo nobis nostrisque nepotibus conseruata in
benedictione sempiterna, ut ex hac mereamur ad illam/ peruenire quę finem non habet et est perpetua pace beatissima.

Ut ad hanc peruenire mereamur uos sępius cum Moyse,
seruo Dei, deuoto pectore dicite, 'Respice, Domine, de sanctuario tuo et de excelso cęlorum habitaculo et benedic populo
tuo, et ne des hereditatem tuam in perditionem'. Item cum
Iohel propheta ad Deum cum lacrimis clamate, 'Parce, Domine,
parce populo tuo, et ne des hereditatem tuam in obprobrium
gentibus'. Iacobo precipiente, 'Orate pro inuicem ut saluemini.
Multum enim ualet oratio iusti assidua'. Item Petrus apostolus,
'Omnes unianimes in oratione estote, compatientes, fraternitatis amatores, humiles et misericordes'. Et uas electionis, id est
Paulus, precepit pro omnibus orationes fieri et pro omnibus
regibus qui in sublimitate sunt positi, quatenus omnipotentis
Dei gratia populo Christiano tempora cum prosperitate pacifica
in laudem et gloriam sui nominis largiri dignetur./

10/ Ad Aeðelhardum archiepiscopum

Vrbs eterna Dei, terrae sal, lumina mundi,
Bis sex signa poli, menses et ter quater anni,
Atque diei hore lapidesque in stemmate Christi,
uestra aperire polum poterit uel claudere lingua.
Doctores uite magne et medicina salutis,
vos fontes uiui paradysi et flumina sacra,
uos decus ęcclesię, populi spes, ianua lucis,
inclita progenies Salomonis, nobile templum —
per uos, o patres nostri, sub tempora tota
uirtutum meritis fęcunda Brittannia floret.
Vos simul unanimes Christi defendite castra,
et clipeo fidei tela superate nefanda.
Pectore concordes, fortes uirtute superna,
iudiciis iusti, humiles pietate modesta,
doctores populi, ductores et gregis almi,
semper ubique Deo, peto, uos estote fideles.
Multiplicate pio percepta talenta labore
maxima quo summo capiatis praemia cęlo
cum Christo et sanctis cęlestia regna tenentes.
Uosque, mei memores, Christus conseruet ubique —
Alchuine dicor ego, uestro deuotus amori.
O, uos pastores, patres, sine fine ualete./
Et tu, sanctę pater, Æðilharde sacerdos,
Iam ualeas, uigeas, Christo donante per aeuum.

/168 *Bis sex* etc: the English hierarchy is referred to as made up of twelve bishops — whether in reality or simply by identification with the apostles is unclear.

TEXTUAL NOTES

In the following notes, A_2 refers to British Museum MS Cotton Vespasian A XIV, A_1 to British Museum MS Cotton Tiberius A XV, *Gale* to the transcript of A_1 in Trinity College Cambridge 0.10.16. *Wulfstan* refers to the corrections in A_2 identified as Wulfstan's by Ker (*England Before the Conquest*, 319, 326-7), *corrector* to other medieval corrections, not the scribe's. Scribal corrections are not noted. Other sigla (S, S_1, K_1, K_2, T, Q, D) give the authority for Dümmler's readings; these MSS, none of which I have seen, are cited and described in Dümmler, 3-12. Any doubtful reading in A_2 has in all instances been checked against A_1, but frequently without success because of the deteriorated condition of that MS.

I, 1/28-9	beatitudinis *Gale*: batitudinis A_2	
1/29	desiderium A_1: desiderum A_2	
1/32	cessa *Gale*: cessas A_2	
1/40	degeneres A_1: degeres A_2	
1/47	patientia *Gale*: patienta A_2	
1/49	armare *corrector*: arme A_2	
1/53	memorare *Gale*: memor A_2	
1/61	curaueram *ed*: curā A_2: curavi *Gale*	
1/77	uitam A_1: patris A_2	
I, 2/2	kartula, dic, 'cuculus.' *supplied by ed from* A_1	
2/7	salus *Gale*: saulus A_2	
2/17	timebunt *Dümmler* (*no MS*): timebant A_2: time<..>nt A_1: timeant *corrected to* timebant *Gale*	
2/22	scripsi *Gale*: scipsi A_2	
2/24	apparuerunt *Gale*: apparunt A_2	
2/31	cuncta A_1: cunta A_2	
2/32	mellifluum *corrected to* mellifluus A_2	
I, 3/6-7	beatitudinis A_1: beatudinis A_2	
3/16	secteris A_2: uel sequeris *corrector*	
3/23	beatitudinem A_1: beatutinem A_2	

Textual Notes

3/24	Non A_2: Non *corrected to* Noli A_1: Noli *Gale*
3/27	corrigas A_1: corriges A_2
3/28	admoneas A_1: admones A_2
3/30	habeas A_1: habæas A_2
3/36	perscrutari *Gale*: perscutari A_2
	nę *ed*: næ A_2
3/38	diligis *Gale*: diliges A_2
3/46	quod *Gale*: qud A_2
	prophetam *Gale*: prohetam A_2
I, 4/9	habet *Gale*: habæat A_2
4/17	feruntur *written over* aguntur A_2
4/33	Offam *Gale*: Offan A_2
4/35	mittendos *Gale*: mittendas A_2
4/45	de elemosina *ed*: delemosina A_2: de .... mea A_1: de eleemosyna *Gale*
I, 5/17	coloribus A_1 (c.lor....), *Gale*: coribus A_2
5/20	uentriculis *Gale*: uenticulis A_2
5/21	tu A_1: tú A_2
5/23	scias *supplied by ed from Gale*: A_2 *damaged*
5/27	benedic *Gale*: bernidic A_2
5/38	mittantur A_2: mitte ad A_1
5/43-4	mandamus ... suis *supplied by ed from* A_1 (<...>n-damus) *and from Gale* (pascas *and* cum amicis suis)
I, 6/7	quam *Dümmler (from S_1)*: quia A_2
6/11	uerborum *supplied by Dümmler from* S_1: A_2 *damaged*
6/18	regimini *Gale*: regimine *altered to* regimini, *or the reverse* A_1: regimine A_2
6/28	memor *Gale*: mermor A_2
I, 7/4	ediscere *ed*: dediscere A_2
I, 8/5	magis *corrector*: magistris A_2
8/9	iniungere *Gale*: iniungungere A_2
8/10	memoria *ed*: memorie A_2: memoriae *Gale*
I, 10/5	Bona *ed*: bonā A_2: bonam *Gale*
I, 11/1	imputanda *Gale*: imputanta A_2

11/5	inputet A_1: inpuet A_2
11/9	scriptum *Gale*: scrptum A_2
I, 12/14	beatitudini *Gale*: batitudini A_2
12/18	amabilis *Gale*: amalis A_2
I, 13/3	desiderio *Gale*: desidero A_2, A_1
I, 14/5	illum *correction for* nomine A_2: nomine A_1
II, 1/4	leuita *supplied by ed from Gale*: A_2 *illegible*
1/12	studio A_1: stadio A_2
1/36	mendacia A_2: mendacium *Wulfstan*
1/37	periurium *Wulfstan*: om. A_2
1/38	inimicitie *supplied by ed from Gale*: A_2 *damaged*
1/78	ad *Wulfstan*: et A_2
1/86	et *Wulfstan*: om. A_2
1/96	semper A_2, A_1: secundum *Dümmler (from T, K_2, S_1)*
1/102	enim *Wulfstan*: om. A_2
1/105	exercituum *Wulfstan*: exercitus A_2
1/115	equitas *Wulfstan*: equalis A_2
1/147	ipsvm *Wulfstan*: om. A_2
	desolabitur *Wulfstan*: non stabit A_2
1/156	sua *Wulfstan*: sue A_2: suae patriae *Dümmler (from T, K_1, K_2, S_1)*: sue pr.......... *with* patrie (*damaged*) *above* A_1
1/160	Sacerdotum est *Wulfstan*: om. A_2, A_1
	Sacerdotum ... subiectam *om. Gale*
II, 2/3	Alchuine *ed*: Alchune A_2: Alchu<...> A_1: Alchvine *Dümmler (from T)*: Alcuinus *Gale*
2/25	inquit *Gale, Dümmler (from K_1, K_2, Q and D)*: in quid A_2, A_1
2/74	studeatis A_1: studeamini A_2 *corrected to* studeatis *in a later hand*
2/126	incessus *Gale, Dümmler (from T, K_1)*: in sensu A_2, A_1
2/143-4	desiderant *Gale, Dümmler (from T, K_1)*: desederant A_2
2/160	et inuisibili A_1 (*but deleted*), *Gale*: om. A_2

Textual Notes

II, 3/17	Brittannię *ed*: Brittannie A_1: Brinttannię A_2
3/26	patronos *Gale*: patrones A_2, A_1
3/30	ebrietate A_1: ebritate A_2
3/34	cessent *Dümmler (from S_1)*: cessant A_2
II, 5/12	audiatur *Dümmler (from T, S_1)*: auditur A_2, A_1
5/18	uidentibus *corrector*: uiuentibus A_2
II, 6/29	nobilitate A_1: *corrected to* nobiles A_2
6/40	habeamus A_1: habeanus A_2
6/43	aliquis *Dümmler (from T, K_1, K_2)*: aliis A_2, A_1
6/59-60	instigante ... diabolo A_1: *om.* A_2
6/93	celesti *supplied by ed from* A_1: A_2 *damaged*
6/96	deuotus *supplied by ed from Gale*: A_2 *damaged*
6/97	obliuiscor *supplied by Dümmler (from T, K_1, K_2)*: A_2 *damaged*
II, 7/1	Alcheriði A_2, A_1: Alcheridi *Gale*
7/5	mentem *supplied by ed from* A_1: A_2 *damaged*
7/8	ignem *ed*: igne A_2, A_1
7/9	gloriam *supplied by ed from* A_1: A_2 *damaged*
7/13	sunt *corrector*: *om.* A_2
7/14	liberabit *corrector*: peccauit A_2
7/15	rei *corrector*: *om.* A_2
	Domini nostri Jesu Christi *altered to* Domino nostro Jesu Christo A_2 *or, less probably, the reverse*
7/57	et *ed*: ut A_2
II, 8/29	advlantium *corrector*: adolantium A_2
8/30	tristia A_1: trstia A_2, *changed from* trstitia
8/50	lautitia *Gale*: letitia A_2
8/71	Noli hominum dominum te putare seculi A_2: Noli hominum seculi dominum te putare A_1: Noli dominum te putare seculi *Dümmler (from S)*
II, 9/17-18	litteras sancti Gregorii pastoralis tecum habeas, *correction for* litteras sancti Gregorii pastoralis tecum pergat A_2, A_1: liber sancti Gregorii pastoralis tecum pergat *Dümmler (from S)*

II,	**10/33**	propter A_1: propter *altered to* per A_2
	10/80	redeunte rege *corrected form* A_1: regi (redeunte om.) A_2 *and, originally,* A_1
	10/93	omni *Dümmler (from T, K_2, Q, S_1)*: omnis A_2, A_1
	10/169	diei *Dümmler (from T, K_1, K_2, Q, S)*: dī A_2
	10/178	tela ... nefanda A_1: telas ... nefandas A_2

INDEX OF SCRIPTURAL CITATIONS

I, 1/33-4	Eccl. 11:10	**II, 2**/25-6	Dt. 6:5,
1/42-5	I Cor. 3:16-17		Mt. 22:37
1/45	Lv. 11:45	2/26-7	Lv. 19:18,
1/53-4	Ps. 118:164		Mt. 22:39
I, 2/7-8	Ps. 49:23	2/28-9	Lc. 10:29-37
2/19	Is. 40:6	2/31-2	Lc. 6:27
2/19-21	Eccl. 11:10, 12:1	2/38-9	Mt. 5:9
		2/41-2	I Jn. 4:16
2/22-4	Cant. 2:10-14	2/46-7	Mt. 7:12
		2/68	Ps. 75:12
I, 3/47	Ez. 34	2/68-9	Eccl. 5:3
3/50-1	Mt. 25:21	2/80-1	Cant. 2:15
3/53-4	I Cor. 13:4, 7	2/88-9	Is. 37:36
3/55-6	I Jn. 4:16	2/93-4	Jer. 1:14, cf Job 37:22
I, 5/1-2	Ps. 71:18		
5/19-20	IV Reg. 4:40, I Sam. 9:7	2/121-3	Prv. 9:17-18
		2/125-6	Sir. 19:27
		2/129-30	I Pt. 3:3
I, 6/5-6	Dn. 14:33-8		
6/19-20	II Tm. 4:2	**II, 3**/14-15	Joel 2:17
6/21-3	Mt. 25:21	3/23	II Mach. 10:1-8
I, 13/9-10	Sap. 1:4	3/38-9	Prv. 3:12, Heb. 12:6
13/12-13	Iac. 5:20	3/40-1	IV Reg. 25:8-17
13/16	Ps. 33:15	3/48-50	Is. 55:7, Judith 13:17
II, 1/39-40	Gal. 5:21	3/64	Prv. 13:8
1/81-4	Jn. 12:35	3/64-6	Lc. 12:33
1/101-2	I Cor. 6:10		
1/147	Lc. 11:17	**II, 4**/32-3	Cant. 2:15, Iudic. 15:4 *
II, 2/10	Gn. 2:10-14	4/33-4	Joel 2:17

* Cf 'De clade Lindisfarnensis monasterii' 199-200 (MGH *Poetae Latini Aevi Carolini* I 234).

Index of Scriptural Citations

II, 4/34-5	Am. 8:10	II, 8/54-5	Heb. 5:1
4/65-6	Am. 2:6	8/55-7	Nm. 16:48
4/68-9	Lc. 16:19-22	8/61-2	cf I Cor. 10:12
4/72-3	Iac. 2:13	8/63	*brauium*: cf I Cor. 9:24
4/74-5	I Pt. 4:17		
4/89	Is. 37:15-38	8/64-5	II Cor. 5:10
4/90-3	Is. 38:5	8/65-7	Mt. 25:1-13
4/108	I Cor. 7:31	8/67-8	Lc. 12:35-7
II, 5/9	Jn. 8:34	8/68-9	Mt. 13:43
		8/69-70	Mt. 25:19-23
II, 6/14	Jn. 16:23	8/74	I Tm. 6:10
6/53-4	Jn. 14:2	8/80-1	I Tm. 5:17
6/57	Mt. 13:43	8/81-3	II Cor. 9:6, 7
6/78-80	Jn. 19:23-4	8/83	I Cor. 3:8
6/81-2	Mt. 18:7	8/107-9	I Thes. 5:21
6/82-3	I Jn. 2:18	8/127-9	Eccl. 12:6-7
6/84-6	Job 41:13	II, 10/27	Ez. 13:18
II, 7/12-13	Dn. 13:22	10/41-2	Mt. 5:10
7/14-15	Rom. 7:24-5	10/42-4	Act. 5:41
7/39	Mt. 25:41	10/44-6	Rom. 8:18
7/47	Job 1:21	10/57	Lc. 12:33
7/55	Ps. 72:19-20 *	10/57-8	Prv. 13:8
7/69-70	Prv. 28:14	10/58-9	Act. 20:35
7/74	Eph. 6:17	10/59-60	Mt. 13:46
7/85-6	Rom. 8: 31, 34	10/68-9	Lc. 12:35
II, 8/31	Mt. 11:7	10/72	cf Mal. 2:7
8/31-2	Is. 28:1-4	10/94-5	Prv. 18:19
8/32	Ps. 61:4	10/95-7	Mt. 5:13-15 (adapted)
8/32-3	Mt. 7:24		
8/33-4	I Cor. 3:10-17	10/97-103	I Pt. 2:9-10
8/39	II Cor. 12:10	10/119-20	Mt. 16:19, 18:18
8/41-2	cf I Cor. 9:22		
8/51	Mt. 6:16-18	10/132-3	Lc. 10:16

* But in the *Psalterium Romanum* version; see Levison *England and the Continent* 299, n. 2.

Index of Scriptural Citations

II,	10/135-7	Mt. 18:18
	10/140-1	Mt. 10:28
	10/142-3	Mt. 18:20
	10/144	Rom. 8:31
	10/149	Jn. 10:16
	10/154-6	Dt. 26:15
	10/156-9	Joel 2:17
	10/159-60	Iac. 5:16
	10/160-2	I Pt. 3:8
	10/162	Act. 9:15

DATE DUE